CONCOURS **PRÉPAS SCIENTIFIQUES 2013-2014**

Le texte intégral
des **3 œuvres** au **programme**

La parole

Platon
Phèdre

Marivaux
Les Fausses Conf

Verlaine
Romances s paroles

ellipses

ISBN 978-2-7298-7528-2

32, rue Bargue 75740 Paris cedex 15

www.editions-ellipses.fr

SOMMAIRE

PLATON

Phèdre

ou De la beauté ; genre moral

Interlocuteurs du dialogue :
SOCRATE ET PHÈDRE

SOCRATE

I. — Mon cher Phèdre, où vas-tu donc, et d'où viens-tu ?

PHÈDRE

De chez Lysias, fils de Céphale, Socrate, et je vais me promener hors des murs ; car je suis resté longtemps chez lui, toujours assis depuis le matin, et suivant les prescriptions d'Acoumène, ton ami et le mien, je fais mes promenades sur les routes ; car il prétend qu'on s'y délasse mieux que dans les galeries couvertes.

SOCRATE

Il a raison, mon ami ; mais Lysias, à ce qu'il paraît, était en ville ?

PHÈDRE

Oui, chez Épicrate, dans cette maison qui avoisine le temple de Zeus Olympien, la Morychienne.

SOCRATE

Et à quoi avez-vous passé le temps ? Sans doute Lysias vous a régalé de ses discours ?

PHÈDRE

Tu le sauras, si tu as le temps de m'accompagner et de m'écouter.

SOCRATE

Comment dis-tu ? Tu penses bien, pour parler comme Pindare[1], que je mets le plaisir d'entendre ton entretien avec Lysias au-dessus de toute affaire.

PHÈDRE

Avance donc.

SOCRATE

Parle.

PHÈDRE

Justement, Socrate, c'est un sujet qui t'intéresse ; car il s'est trouvé, je ne sais comment, que l'entretien avait trait à l'amour. Lysias a précisément écrit une tentative de séduction faite sur un joli garçon, mais non par un amant ; car il soutient — et c'est là qu'est l'ingéniosité — qu'il faut accorder ses faveurs à celui qui n'aime pas plutôt qu'à celui qui aime.

SOCRATE

Oh ! la belle âme ! il aurait bien dû écrire qu'il faut donner ses faveurs à la pauvreté plutôt qu'à la richesse, à la vieillesse plutôt qu'à la jeunesse et à tous les autres genres de disgrâce qui sont mon partage et celui de la plupart des hommes. Ce seraient là des discours vraiment civils et démocratiques. Pour moi, je me

↳ Platon est anti démocrate.

1. Pindare : poète grec (v. 518-v. 438 av. J.-C.). Très populaire, il chante les victoires dans un style brillant. De sa poésie se dégage une philosophie fondée sur le calme et la vertu.

sens une telle envie de t'entendre que, dusses-tu aller à pied jusqu'à Mégare et, selon la méthode d'Hérodicos, aller au mur et en repartir, je ne resterais pas en arrière.

PHÈDRE

Que dis-tu, excellent Socrate ? Tu me crois capable de réciter un discours que Lysias a composé en prenant son temps, à tête reposée, lui qui est le plus habile écrivain de nos jours, de le réciter de mémoire, moi profane, d'une manière digne de lui ! Tant s'en faut que j'aie ce talent ! Et pourtant je le préférerais à tout l'or du monde.

SOCRATE

II. — Ô Phèdre, si je ne connais pas Phèdre, je ne me connais plus moi-même ; mais je connais l'un et l'autre, et je suis sûr qu'en entendant un discours de Lysias mon homme ne s'est pas contenté de l'entendre une fois, mais qu'à plusieurs reprises il l'a prié de le répéter et que l'autre s'y est prêté complaisamment. Cela même ne lui a pas suffi ; il a fini par prendre le cahier et s'est mis à repasser les endroits qui lui tenaient le plus à cœur, et il est resté assis depuis le matin, attaché à cette étude, jusqu'au moment où, la fatigue venue, il est sorti pour se promener ; mais il savait déjà le discours par cœur, j'en jurerais par le chien, à moins qu'il ne soit d'une longueur démesurée, et il s'en allait hors des murs pour le déclamer ; mais rencontrant un homme qui a pour les discours une passion maladive, il s'est réjoui de le voir, espérant avoir quelqu'un pour partager ses transports, et il lui a dit de l'accompagner ; puis, comme l'amateur de discours le priait de parler, il a fait des façons, comme s'il ne s'en souciait point, et à la fin, si on n'eût pas voulu l'entendre, il allait s'imposer. Prie-le donc, Phèdre, de faire dès à présent ce que de toute façon il fera tout à l'heure.

PHÈDRE

Je vois bien que réellement le meilleur parti pour moi, et de beaucoup, c'est de redire le discours comme je pourrai ; car tu ne me parais pas homme à me laisser aller que je n'aie parlé d'une manière ou d'une autre.

SOCRATE

Effectivement, tu ne te trompes pas.

PHÈDRE

III. — Je vais donc parler comme je pourrai ; car véritablement, Socrate, je puis t'assurer que je n'ai pas appris le texte par cœur ; mais je tiens à peu près le sens de toutes les distinctions qu'il a faites entre le cas de l'amant et le cas de l'homme sans amour, et je vais te rapporter sommairement et dans leur ordre chacune d'elles en commençant par la première.

SOCRATE

Oui, mon amour, mais quand tu m'auras montré ce que tu tiens dans ta main gauche sous ton manteau[1] ; car je soupçonne que c'est le discours lui-même ; si c'est lui, mets-toi bien dans la tête que, malgré mon amitié pour toi, je ne me prêterai pas à te servir de matière à exercice, quand nous avons ici Lysias lui-même : c'est une chose bien décidée. Mais voyons, montre-moi cela.

PHÈDRE

Assez raillé, Socrate ; tu m'as ôté l'espoir que j'avais de m'exercer à tes dépens ; mais où veux-tu que nous allions nous asseoir pour faire cette lecture ?

1. Phèdre voulait impressionner Socrate, amateur de discours, en faisant semblant d'improviser le fameux discours de Lysias alors qu'en fait il l'avait sur lui, caché dans sa main. Mais Socrate ne se laisse pas abuser et tient à entendre le discours de Lysias tel quel.

SOCRATE

Tournons par ici et descendons l'Ilissos ; nous nous assoirons tranquillement à l'endroit qui nous plaira.

PHÈDRE

J'ai bien fait, je vois, de venir pieds nus ; pour toi, tu l'es toujours ; ainsi nous pourrons très bien entrer dans l'eau et nous baigner les pieds, ce qui ne sera pas désagréable, surtout en cette saison et à cette heure.

SOCRATE

Avance donc, et cherche en même temps un endroit pour nous asseoir.

PHÈDRE

Vois-tu là-bas ce platane si élevé ?

SOCRATE

Eh bien !

PHÈDRE

Il y a là de l'ombre, une brise légère et du gazon pour nous asseoir, ou, si nous voulons, pour nous coucher.

SOCRATE

Avance donc.

PHÈDRE

Dis-moi, Socrate, n'est-ce pas ici près, au bord de l'Ilissos, que Borée enleva, dit-on, Orythye[1] ?

SOCRATE

On le dit.

PHÈDRE

N'est-ce donc pas ici ? Ce mince courant paraît si charmant, si pur, si transparent, et ses bords sont si propices aux ébats des jeunes filles !

SOCRATE

Non, c'est plus bas, à quelque deux ou trois stades[2], là où l'on passe l'eau pour aller au temple d'Agra ; il y a à cet endroit même un autel de Borée.

PHÈDRE

Je ne l'ai jamais remarqué ; mais, au nom de Zeus, dis-moi, Socrate, crois-tu, toi, que cette aventure mythologique soit véritablement arrivée ?

SOCRATE

IV. — Mais si j'en doutais, comme les sages, il n'y aurait pas lieu de s'en étonner ; je subtiliserais comme eux, je dirais que le souffle de Borée la précipita du haut des rochers voisins, où elle jouait avec Pharmacée[3], et qu'étant morte de cette chute

1. Borée : dieu des Vents du nord (cf. aurore *boréale*). Orythye est une jeune femme, fille d'un ancien roi d'Athènes, que Borée enleva.
2. Stade : unité de mesure dans la Grèce antique, qui valait 600 pieds (environ 200 mètres).
3. Pharmacée : nom d'une source, et également nom de la nymphe qui habitait cette source.

elle passa pour avoir été enlevée par Borée, soit d'ici, soit de l'Aréopage ; car il y a une autre tradition suivant laquelle c'est là, non ici, qu'elle fut enlevée. Pour moi, Phèdre, je trouve ces explications intéressantes, mais elles exigent trop d'ingéniosité et trop de peine, et vous ôtent à jamais la paix de l'existence, par la simple raison qu'il faut après cela expliquer la forme des Hippocentaures, et puis celle de la Chimère ; puis c'est une avalanche d'êtres du même genre, Gorgones et Pégases, et des multitudes étranges de créatures inconcevables et monstrueuses. Qu'un incrédule, appliquant les procédés d'une sagesse vulgaire, essaye de réduire à la vraisemblance chacun de ces prodiges, il lui faudra bien du loisir. Quant à moi, je n'en ai pas du tout pour ces recherches, et la raison, mon ami, c'est que je n'ai pas pu encore me connaître moi-même, comme le commande l'inscription de Delphes[1], et qu'il me semble ridicule que, m'ignorant moi-même, je cherche à connaître des choses étrangères. C'est pourquoi je laisse de côté toutes ces histoires et je m'en rapporte là-dessus à la croyance commune ; et, comme je l'ai dit tout à l'heure, au lieu d'examiner ces phénomènes, je m'examine moi-même ; je veux savoir si je suis un monstre plus compliqué et plus aveugle que Typhon, ou un être plus doux et plus simple et qui tient de la nature une part de lumière et de divinité. Mais à propos, mon ami, ne sommes-nous pas arrivés à l'arbre où tu nous conduisais ?

PHÈDRE

Oui, c'est bien lui.

1. « Connais-toi toi-même » : message gravé sur le fronton du temple d'Apollon à Delphes où la Pythie, prêtresse d'Apollon, proférait des paroles interprétées comme émanant du dieu lui-même. Apollon, dieu de la Divination, de la Musique et de la Poésie, est également un dieu solaire (« Apollon Phébus »). Dans *L'Apologie de Socrate*, Socrate évoque l'étude de la philosophie comme une mission que lui aurait confiée Apollon.

SOCRATE

V. — Par Héra ! le charmant asile ! Ce platane est d'une largeur et d'une hauteur étonnantes. Ce gattilier si élancé fournit une ombre délicieuse, et il est en pleine floraison, si bien que l'endroit en est tout embaumé ; et puis voici sous le platane une source fort agréable, si je m'en rapporte à mes pieds ; elle doit être consacrée à des nymphes et à Achéloüs, à en juger par ces figurines et ces offrandes. Remarque en outre comme la brise est ici douce et bonne à respirer ; elle accompagne de son harmonieux chant d'été le chœur des cigales ; mais ce qu'il y a de mieux, c'est ce gazon en pente douce qui est à point pour qu'on s'y couche et qu'on y appuie confortablement sa tête. Tu serais un guide excellent pour les étrangers, mon cher Phèdre.

PHÈDRE

Et toi, étonnant ami, tu es un grand original. On dirait vraiment que tu es, pour reprendre ton mot, un étranger qu'il faut guider et que tu n'es pas d'ici. Tu es si casanier que tu n'as jamais franchi la frontière et il semble bien que tu n'es jamais sorti des murs.

SOCRATE

Passe-moi cette originalité, mon bon ami : c'est le désir de m'instruire qui en est cause ; car ni les champs ni les arbres ne veulent rien m'apprendre, mais bien les hommes qui sont dans la ville. Mais toi, tu as trouvé, ce me semble, le moyen de m'en faire sortir ; car comme on se fait suivre d'animaux affamés en agitant devant eux une branche ou un fruit, ainsi toi, tu n'as qu'à me présenter des cahiers de discours pour me faire faire, je crois, tout le tour de l'Attique et me mener partout où il te plaira. Mais pour le moment, comme je suis arrivé, je crois que je ferai bien de me coucher sur l'herbe ; pour toi, prends la position qui te paraît la plus commode pour faire la lecture, et commence.

PHÈDRE

Écoute donc[1].

VI. — « Tu connais mes sentiments : j'estime, je te l'ai dit, qu'il est de notre intérêt à tous deux que tu écoutes mes propositions, et je soutiens qu'il n'est pas juste de me refuser ce que je demande par la raison que je ne suis pas ton amant, car les amants regrettent le bien qu'ils ont fait, quand leur désir est éteint, tandis que ceux qui n'ont point d'amour n'ont jamais lieu de se repentir ; car ce n'est point sous la contrainte de la passion, mais volontairement, et en ménageant sagement leurs intérêts, sans dépasser la limite de leurs ressources, qu'ils font du bien à leur ami. En outre les amants repassent dans leur esprit les dommages que l'amour leur a causés dans leurs affaires et les libéralités qu'ils ont faites, et, y ajoutant la peine qu'ils ont eue, ils jugent qu'ils ont depuis longtemps payé le prix des faveurs obtenues. Au contraire ceux qui ne sont pas épris ne peuvent ni prétexter leurs affaires négligées à cause de l'amour, ni mettre en ligne de compte leurs peines passées, ni alléguer les tracasseries de leurs parents, de sorte que, exempts de tous ces ennuis, ils n'ont plus qu'à s'empresser de faire tout ce qu'ils croient devoir plaire à leur bien-aimé. Mais il faut, dira-t-on, faire cas des amants parce que, si on les en croit, ils sentent la plus grande tendresse pour ceux dont ils sont épris et parce qu'ils sont prêts, au risque de s'attirer la haine d'autrui, à tout dire et à tout faire pour leur être agréables ; mais il est facile de reconnaître qu'ils ne disent pas la vérité ; car s'ils viennent à en aimer un autre, ils lui sacrifient le premier, et, si le nouvel élu de leur cœur le demande, ils vont jusqu'à lui faire du mal. En vérité, convient-il d'accorder une telle faveur à un homme affligé d'un tel mal que personne, si habile fût-il, n'oserait tenter de le guérir ; et en effet les amants avouent eux-mêmes qu'ils sont malades plutôt que sains d'esprit et qu'ils ont conscience de leur mauvais sens, mais qu'ils ne sont pas maîtres d'eux-mêmes. Aussi, rentrés dans leur bon sens, comment pourraient-ils approuver les actes que leur folie leur a inspirés ? Et puis, si, parmi les amants, tu veux choisir le meilleur, ton choix se limite à un

1. Là commence donc le discours de Lysias, lu par Phèdre.

petit nombre ; au lieu que si tu cherches parmi tous les autres celui qui te convient le mieux, tu en rencontres une foule, et dans une foule ta chance est beaucoup plus grande de trouver quelqu'un digne de ton affection.

VII. — D'autre part si tu crains l'opinion établie et la honte d'un scandale public, songe qu'il est naturel que les amants, impatients de faire envier leur bonheur, comme ils le jugent eux-mêmes digne d'envie, se laissent aller à parler et à publier partout glorieusement qu'ils n'ont point perdu leur peine ; au contraire, ceux qui n'aiment pas, restant maîtres d'eux-mêmes, préfèrent le solide avantage de la jouissance au plaisir de faire parler d'eux. En outre les relations des amants sont forcément connues de beaucoup de gens ; on les voit accompagner ceux qu'ils aiment, et y mettre tant d'empressement que, quand on les voit causer ensemble, on ne manque pas de penser que, s'ils sont réunis, c'est qu'ils viennent d'assouvir ou qu'ils vont assouvir leur passion. Mais si vous n'aimez pas, on n'essaye pas non plus d'incriminer vos relations ; car on sait qu'il faut bien admettre qu'on se parle par amitié ou par tout autre besoin de distraction. Si quelque autre appréhension t'assaille à la pensée que l'amitié est naturellement fragile, qu'un motif quelconque peut amener une brouille préjudiciable à tous deux, mais désastreuse pour toi qui as sacrifié ce que tu avais de plus précieux, c'est surtout des amants que tu feras bien de te méfier. Les motifs de chagrin ne leur manquent pas ; à les en croire, on ne fait rien que pour leur nuire. Aussi cherchent-ils à empêcher ceux qu'ils aiment de se lier avec d'autres ; ils craignent les riches, qui pourraient les éclipser par leur fortune ; ils craignent les gens instruits qui pourraient les surpasser en intelligence, et ils se méfient de tous ceux qui ont quelque supériorité. Ils t'amènent à te brouiller avec eux, et te réduisent ainsi, en fait d'amis, à une entière disette ; mais si, considérant tes intérêts, tu montres plus de sagesse qu'eux, tu en viendras à une rupture. Au contraire ceux qui sans amour en sont venus à leurs fins par leur mérite ne sont point jaloux des familiers de leur ami ; ils prendraient plutôt en haine ceux qui refuseraient de les fréquenter, imputant leur refus au mépris, et se sentant obligés à ceux qui le fréquentent. Leur commerce a donc beaucoup plus de chance de tourner à l'amitié qu'à la haine.

VIII. — Au reste, parmi les amants, beaucoup s'éprennent de la beauté physique avant de connaître le caractère de celui qu'ils désirent et d'être renseignés sur sa valeur personnelle ; aussi ne peut-on savoir s'ils resteront amis du bien-aimé quand ils auront apaisé leur désir. Il n'en est pas de même avec ceux qui n'aiment pas d'amour ; comme ils sont déjà liés par l'amitié avant tout commerce des sens, il n'est pas vraisemblable que le plaisir goûté amoindrisse leur amitié, mais bien plutôt qu'il soit un gage des plaisirs à venir.

Veux-tu devenir meilleur ? Fie-toi à moi plutôt qu'à un amant ; car un amant n'hésite pas à choquer la raison en louant tes paroles et tes actes, soit parce qu'il craint de te déplaire, soit parce que la passion lui fausse le jugement. Car tels sont les effets que produit l'amour : aux yeux des amants malheureux il fait paraître fâcheuses des choses qui laissent les autres indifférents, et il force les amants heureux à louer des choses qui n'en valent pas la peine ; aussi est-ce la pitié, non l'envie que l'homme aimé doit inspirer. Si au contraire tu veux bien m'écouter, tout d'abord ce ne sera pas la seule volupté du moment que je poursuivrai dans notre intimité, mais aussi ton intérêt à venir. Insensible à l'amour et maître de moi-même, je ne me fâcherai pas violemment pour des bagatelles ; même des raisons graves n'exciteront que lentement et faiblement mon dépit ; j'excuserai les torts involontaires et je m'efforcerai de prévenir les offenses voulues : ce sont là les marques d'une amitié destinée à durer. Si tu viens à penser qu'il n'y a point d'amitié solide où il n'y a point d'amour, réfléchis qu'à ce compte nous ne tiendrions guère à nos fils, à notre père, à notre mère, et que nous n'aurions pas d'amis fidèles, à moins qu'ils ne nous fussent venus par l'amour, à l'exclusion de toute autre liaison.

IX. — En outre, s'il faut accorder ses faveurs à ceux qui les sollicitent avec le plus d'insistance, il est logique aussi en toute circonstance d'obliger, non les plus dignes, mais les plus indigents ; plus grands sont les maux dont tu les délivres, plus grande sera leur reconnaissance. Alors il faudra aussi, quand tu donnes un repas, y inviter, non tes amis, mais les mendiants et les meurt-de-faim : ce sont ceux-là qui te chériront, qui te feront escorte, qui viendront à ta porte, qui seront les plus contents et les plus reconnaissants et qui formeront des vœux sans nombre en ta faveur. Mais peut-être convient-il de favoriser, non ceux qui te sollicitent ardemment, mais ceux qui sont le plus à même de témoigner leur reconnaissance, non pas seulement ceux qui te sollicitent, mais ceux qui sont dignes de tes faveurs, non pas ceux qui veulent jouir de ta beauté, mais ceux qui dans ta vieillesse te feront part de leurs biens, non ceux qui se vanteront partout de leur succès, mais ceux qui auraient honte d'en rien dire à personne, non ceux dont l'empressement est éphémère, mais ceux dont l'amitié inaltérable ne finira qu'avec la vie, non ceux qui, en sentant leur désir s'apaiser, chercheront un prétexte de rupture, mais ceux qui après le déclin de ta beauté feront voir leur générosité. Souviens-toi donc de mes paroles, et songe que les amants s'entendent reprocher leur amour comme un vice par leurs amis, tandis que ceux qui ne sont pas épris n'ont jamais subi les reproches des leurs pour avoir à cause de l'amour mal calculé leurs intérêts.

Maintenant, tu vas peut-être me demander si je te conseille d'accorder tes faveurs à tous les prétendants sans passion. Je présume qu'un amant ne t'engagerait pas non plus à montrer cette humeur facile à tous les amoureux ; car pour qui raisonnerait juste en recevant tes faveurs, elles n'auraient plus le même prix, et, si tu voulais te cacher des autres, cela ne te serait plus aussi facile. Or il faut que nos relations, loin de nous porter préjudice, nous soient avantageuses à tous deux. Je crois en avoir dit assez ; mais si tu as regret à quelque chose que j'aurais omis, interroge-moi. »

X. — Que te semble de ce discours, Socrate ? N'est-il pas merveilleux à tous égards, notamment pour le style ?

SOCRATE

Divin même, camarade, au point que j'en suis transporté. Il est vrai, Phèdre, que tu en es bien un peu la cause ; car je te regardais et je voyais tes yeux briller de plaisir en lisant, et, persuadé que tu es plus expert que moi dans ces matières, je te suivais, et en te suivant je me suis laissé gagner à l'exaltation de ta tête divine.

PHÈDRE

Allons, tu veux rire.

SOCRATE

Rire ! Tu crois donc que je ne parle pas sérieusement ?

PHÈDRE

Non, Socrate ; mais, au nom de Zeus qui préside à l'amitié, dis-moi en toute sincérité, penses-tu qu'il y ait en Grèce un homme capable de traiter le même sujet avec plus de force et d'abondance ?

SOCRATE

Quoi ? faut-il encore que je loue avec toi l'auteur d'avoir dit ce qu'il fallait dire ? Ne suffit-il pas de reconnaître que son style est clair, précis, et qu'il a minutieusement passé au tour chacune de ses expressions ? S'il le faut, je le reconnaîtrai pour te faire plaisir ; car je dois confesser que le mérite du fond a échappé à mon incapacité. Je n'ai fait attention qu'à l'art oratoire ; pour le fond, je ne pensais pas que Lysias lui-même pût en être satisfait. J'ai cru m'apercevoir, Phèdre — peut-être n'en juges-tu pas comme moi —, qu'il disait deux ou trois fois la même chose, soit qu'il n'eût pas assez de ressources pour trouver beaucoup à dire sur le même sujet, soit que peut-être il n'en eût pas souci ; j'ai cru à une gageure de jeune homme, qui, pour faire parade de son talent, exprimait les mêmes pensées d'une manière, puis d'une autre, et chaque fois avec une égale maîtrise.

PHÈDRE

Tu n'y penses pas, Socrate ; le grand mérite de l'auteur est justement qu'il n'a omis aucune des idées que comportait le sujet, de sorte qu'on ne pourrait dire ni plus ni mieux que ce qu'il a dit.

SOCRATE

Sur ce point je ne puis plus être de ton avis ; d'anciens sages, des deux sexes, qui ont parlé et écrit sur ce sujet, me convaincraient d'erreur si j'y donnais les mains par complaisance.

PHÈDRE

Qui sont-ils ? Où as-tu entendu des discours supérieurs à celui-ci ?

SOCRATE

XI. — Je ne peux pas répondre ainsi au pied levé, mais il est certain que j'en ai entendu, soit de la belle Sappho[1], soit du sage Anacréon[2], soit même de quelque prosateur. Sur quoi se fonde ma conjecture ? C'est, mon bel ami, que mon cœur déborde et que je me sens capable d'affronter la comparaison et de parler autrement et aussi bien. Or je sais bien qu'aucune de ces idées ne vient de moi, car j'ai conscience de mon ignorance. Reste donc sans doute que mes oreilles les ont puisées à d'autres

1. Sappho (ou Sapho) : poétesse grecque (fin du VIIe s.-début du VIe s. av. J.-C.). Figure légendaire de l'Antiquité, très populaire, elle crée le lyrisme érotique. De son nom dérive l'adjectif *saphique*.
2. Anacréon : poète grec (v. 570-v. 478 av. J.-C.). Plus léger que Pindare, il célèbre dans ses poèmes la joie, l'amour et l'amitié.

sources, où je m'en suis rempli comme un vase ; mais j'ai l'esprit si paresseux que je ne me souviens plus comment ni de qui je les ai reçues.

PHÈDRE

Je suis ravi de ce que tu dis, mon noble ami. Tu peux te dispenser de me dire, en dépit des instances que je pourrais t'en faire, de qui et comment tu les as reçues ; mais fais ce que tu viens de dire ; engage-toi à prononcer un discours meilleur et non moins étendu que celui du cahier, sans y rien emprunter ; et moi, de mon côté, comme les neuf archontes[1], je m'engage à offrir à Delphes ma statue en or de grandeur naturelle et la tienne aussi.

SOCRATE

Tu es trop bon, Phèdre, et tu vaux vraiment ton pesant d'or, si tu crois que je prétends que Lysias s'est trompé du tout au tout et que je peux opposer des choses nouvelles à toutes celles qu'il a dites ; une pareille prétention serait insoutenable, même avec l'écrivain le plus médiocre.

Par exemple, sur le sujet qui nous occupe, penses-tu qu'un orateur qui, en soutenant la thèse qu'il faut favoriser l'ami sans amour plutôt que l'amoureux, omettrait de louer la sagesse de l'un, de blâmer la folie de l'autre, choses indispensables à son argumentation, pourrait trouver encore quelque chose à dire ? Pour moi, je pense qu'il faut permettre et pardonner à l'orateur de reprendre ces arguments essentiels, et que ce qu'il faut louer en ce cas, ce n'est pas l'invention, mais la disposition, tandis que, pour les arguments accessoires et difficiles à découvrir, il faut, outre la disposition, louer l'invention.

1. Archonte : haut magistrat dans la Grèce antique.

PHÈDRE

XII. — Je souscris à ta demande, car elle me paraît juste. Je t'accorderai donc le droit de t'appuyer sur ce principe que celui qui aime a l'esprit plus malade que celui qui n'aime pas ; mais, pour le reste, si tu trouves des arguments plus nombreux et plus forts que Lysias, sans l'imiter, je ferai dresser ta statue au marteau, près de l'offrande des Cypsélides[1], à Olympie.

SOCRATE

M'as-tu donc pris au sérieux, Phèdre, parce que, pour te taquiner, j'ai attaqué celui que tu aimes, et penses-tu que je vais réellement essayer de faire un discours plus riche d'idées que le chef-d'œuvre de ton ami ?

PHÈDRE

Ici, mon ami, c'est à mon tour d'avoir prise sur toi. Il faut absolument que tu parles comme tu pourras ; garde-toi de nous faire jouer la scène banale des comédiens qui se renvoient les railleries, et ne me force pas à répéter tes paroles : « Ô Socrate, si je ne connais pas Socrate, je ne me connais plus moi-même », et « il brillait d'envie de parler, mais il faisait des façons ». Mais mets-toi bien dans la tête que nous ne partirons pas d'ici que tu n'aies dit ce que tu prétendais avoir dans le cœur. Nous sommes seuls, l'endroit est solitaire, et je suis le plus fort et le plus jeune : à bon entendeur, salut ; n'attends pas qu'on te contraigne, parle de plein gré.

SOCRATE

Mais, mon bon ami, ce serait ridicule à moi d'opposer, sur le même sujet, l'impromptu d'un profane au travail d'un maître consommé.

1. Cypsélides : descendants de Cypsélos, tyran de Corinthe.

PHÈDRE

Je t'avertis d'une chose, cesse de faire des façons avec moi, car, ou je me trompe, ou j'ai trouvé le mot qui te fera parler.

SOCRATE

Alors garde-toi de le dire.

PHÈDRE

Je vais le dire au contraire. Ce mot est un serment : Je jure — mais par quel dieu jurer, par lequel ? — tiens ! par ce platane, je jure que si tu ne prononces pas ton discours devant cet arbre même je ne te montrerai ni ne te rapporterai jamais plus aucun autre discours de personne.

SOCRATE

XIII. — Ah ! mauvais sujet, comme tu as su trouver l'infaillible moyen de m'amener à tes fins, en me prenant par mon faible pour les discours !

PHÈDRE

Qu'as-tu donc à tergiverser ?

SOCRATE

Rien, après le serment que tu as fait. Le moyen de renoncer à un tel régal ?

PHÈDRE

Parle donc.

SOCRATE

Sais-tu ce que je vais faire ?

PHÈDRE

Voyons.

SOCRATE

Je vais parler voilé, afin de courir ma carrière le plus vite possible, et de n'être pas gêné ni confus d'affronter tes regards.

PHÈDRE

Parle seulement ; pour le reste, fais comme tu l'entendras.

SOCRATE

Venez, Muses ligies, que vous deviez ce surnom à la nature de vos chants ou à la race musicienne des Ligyens, soutenez-moi dans le discours que cet excellent ami me contraint de prononcer, afin que son ami, dont il admirait déjà le talent, lui paraisse à présent plus admirable encore.

Il y avait donc un enfant, ou plutôt un jeune adolescent d'une beauté parfaite. Il avait des soupirants en foule ; mais l'un d'eux était un rusé ; sans être moins amoureux que les autres, il avait persuadé à l'enfant qu'il n'était pas épris, et, un jour qu'il le sollicitait, il essaya de lui faire croire qu'il fallait accorder ses faveurs à l'ami sans amour plutôt qu'à l'amant passionné. Voici son discours :

XIV. — « En toute chose, mon enfant, il n'y a qu'une manière de commencer, quand on veut discuter convenablement : il faut bien comprendre l'objet de la discussion, faute de quoi l'on est condamné à s'égarer complètement. La plupart ne se doutent pas qu'ils ignorent l'essence des choses ; aussi, persuadés qu'ils la connaissent, ils ne s'entendent pas au début de la discussion, et, à mesure qu'ils avancent, ils en arrivent naturellement à n'être d'accord ni avec eux-mêmes, ni avec les autres. Évitons, toi et moi, ce que nous reprochons aux autres ; et puisque nous avons à décider s'il vaut mieux devenir l'ami d'un homme sans amour que d'un homme amoureux, établissons d'un commun accord ce qu'est l'amour et quels sont ses effets ; puis, les yeux tournés vers cette définition, rapportons-y toute notre discussion sur les avantages ou les désavantages de l'amour.

Tout le monde reconnaît que l'amour est un désir ; mais nous savons, d'autre part, que le désir du beau se rencontre aussi chez ceux qui n'aiment point. À quoi donc peut-on discerner celui qui aime de celui qui n'aime pas ? Il faut savoir qu'il y a dans chacun de nous deux principes qui nous gouvernent et nous dirigent et que nous suivons où ils nous mènent : l'un est le désir inné du plaisir, l'autre l'idée acquise qu'il faut rechercher le bien. Ces deux principes tantôt s'accordent, tantôt se combattent en nous, et tantôt c'est l'un, tantôt c'est l'autre qui triomphe. Or, quand c'est le goût rationnel du bien qui nous dirige et qui a le dessus, sa domination prend le nom de tempérance ; quand, au contraire, c'est le désir déraisonnable qui nous entraîne au plaisir et règne en nous, sa domination s'appelle intempérance. Mais l'intempérance a beaucoup de noms, car elle admet bien des formes et des espèces, et, quand l'une de ces espèces vient à prédominer dans un homme, c'est son nom qui sert à le qualifier, nom qui n'est ni beau, ni enviable. Ainsi, quand le désir de la bonne chère prend le pas sur le bien et les autres désirs, il s'appelle gourmandise et fait donner le nom de gourmand à celui qui en est possédé ; quand c'est le désir de boire qui règne en maître et subjugue celui qui en est atteint, on sait quel nom il reçoit ; quant aux autres désirs, frères de ceux-là, on sait de quel nom il faut les désigner, selon que tel ou tel domine. À quel désir pensé-je en disant tout ceci, c'est, je crois, assez facile à discerner maintenant ; mais ce qu'on dit est toujours plus clair que ce qu'on ne dit pas. Je dirai donc que, quand le désir aveugle, maîtrisant le sentiment qui nous pousse vers le bien, se porte vers le plaisir que donne la beauté, et que, fortement renforcé par les désirs de la même famille qui s'adressent à la beauté physique, il devient un penchant irrésistible, je dirai que ce désir tire son nom de cette force même et s'appelle amour. »

XV. — Mais, mon cher Phèdre, ne te semble-t-il pas, comme à moi, que quelque dieu me souffle l'inspiration ?

PHÈDRE

En effet, Socrate ; tes paroles coulent avec une facilité inusitée.

SOCRATE

Silence donc, et prête l'oreille ; car véritablement ce lieu a quelque chose de divin, et si, au cours de mon discours, les nymphes m'inspiraient le délire, n'en sois pas étonné ; maintenant déjà j'approche du ton du dithyrambe.

PHÈDRE

C'est bien vrai.

SOCRATE

C'est toi pourtant qui en es cause. Mais écoute le reste ; car l'inspiration pourrait bien s'en aller ; c'est l'affaire du dieu. Pour nous, reprenons notre discours à l'enfant.

« Ainsi, mon très cher, nous avons déterminé et défini l'objet dont nous avons à discuter. Poursuivons, sans perdre de vue notre définition, et voyons quel avantage ou désavantage on peut vraisemblablement attendre de ses complaisances soit pour un amant, soit pour un poursuivant sans amour.

Celui qui est livré à la passion et asservi à la volupté cherchera nécessairement à tirer de celui qu'il aime tout le plaisir possible ; or un esprit malade trouve son plaisir dans la soumission qu'on a pour lui ; il se choque de ce qui lui est supérieur ou égal. Ainsi un amant ne se résignera pas à trouver en son ami un supérieur ou un égal ; il travaillera sans cesse à le rabaisser au-dessous de lui. Or l'ignorant est au-dessous du savant, le lâche au-dessous du brave, l'homme qui ne sait pas parler au-dessous de l'homme éloquent, le lourdaud au-dessous de l'esprit pénétrant. Parmi tant de défauts et d'autres encore qui se forment ou sont innés dans l'âme de son ami, fatalement l'amant se réjouira des uns et fera naître les autres, sous peine d'être privé de son plaisir du moment. Il n'échappera pas non plus à la jalousie, et il interdira à son ami beaucoup de relations utiles qui pourraient faire de lui un homme dans le sens le plus élevé du mot, et il lui causera ainsi un grand préjudice, surtout en le privant de ce qui le rendrait tout à fait sage, je veux dire la divine philosophie ; l'amant l'en détournera nécessairement dans la crainte de s'attirer ses dédains. Enfin il emploiera tous les moyens pour que son ami reste dans une complète ignorance et n'ait d'yeux que pour son amant, et, quand l'ami sera au gré de son amant, il lui plaira sans doute beaucoup, mais il se sera fait à lui-même un tort considérable. Ainsi, du point de vue intellectuel, l'amant est un tuteur et un compagnon tout à fait nuisible.

XVI. — Au physique, quelle complexion l'amant cherchera-t-il et quels soins prendra-t-il de celui qu'il possède, lui que la passion contraint à sacrifier le bien au plaisir ? C'est ce qu'il faut examiner maintenant. On le verra rechercher un garçon mou et sans muscles, élevé, non en plein soleil, mais dans une ombre épaisse, étranger aux mâles fatigues et aux sueurs du travail, accoutumé à un régime délicat et efféminé, paré de couleurs et d'ornements empruntés, faute de beauté naturelle, enfin montrant en tous ses goûts la même mollesse. Tout cela saute aux yeux, et ce n'est pas la peine d'insister davantage. Bornons-nous, avant de passer à d'autres considérations, à marquer ce trait général qu'à la guerre et dans toutes les occasions périlleuses un homme si délicat inspire de l'audace aux ennemis, des craintes à ses amis et à ses amants eux-mêmes. Cela est tellement évident que je n'en parlerai pas davantage.

Il nous reste à montrer maintenant si la société et l'influence d'un amant sont profitables ou nuisibles à la fortune de l'aimé. Or il est clair pour tout le monde, et pour l'amant tout le premier, qu'il désirerait avant tout voir son ami privé de ce qu'il a de plus cher, de plus affectionné, de plus sacré ; il souhaiterait le voir privé de père, de mère, de parents et d'amis ; car il les tient pour des gêneurs et des censeurs de son doux commerce. Si le jeune homme est riche en argent ou en autres biens, il n'est plus pour l'amant si facile à séduire, ni, séduit, si facile à manier. De là il faut conclure que l'amant est jaloux de la richesse de celui qu'il aime et qu'il se réjouit de sa ruine. Il souhaite même que son ami reste sans femme, sans enfants, sans foyer le plus longtemps possible, pour jouir le plus longtemps possible de son égoïste plaisir.

XVII. — L'homme est sujet à bien des maux ; mais un dieu a mêlé à la plupart une douceur momentanée ; ainsi le flatteur est une bête terrible et un grand fléau ; mais la nature lui a prêté un agrément assez délicat. On réprouve comme funeste le commerce des courtisanes et il y a beaucoup d'autres créatures et de pratiques pareilles qui procurent au moins pour un jour un vif plaisir. L'amant, au contraire, n'est pas seulement nuisible, il est encore insupportable à son ami par sa présence continuelle ; car, comme le dit le vieux proverbe, on ne se plaît qu'avec ceux de son âge ; en effet, quand on est du même âge, on est porté aux mêmes plaisirs, et la conformité des goûts produit l'amitié ; et pourtant cette amitié même est sujette au dégoût. D'autre part, la contrainte, qui est toujours et pour tous, dit-on, un joug pesant, l'est surtout pour le jeune garçon, d'autant qu'elle s'ajoute à la différence d'âge ; car la compagnie du jeune garçon attire à tel point l'amant déjà mûr qu'il ne voudrait le quitter ni jour ni nuit. Sous l'aiguillon d'une passion irrésistible, il poursuit le plaisir toujours nouveau de voir, d'entendre, de toucher, de connaître par tous les sens l'objet aimé, et c'est avec délices qu'il s'attache à ses pas pour le servir. Mais quels encouragements, quels plaisirs pourra-t-il donner, pour l'empêcher d'en venir au comble du dégoût, à l'ami qui subit sa présence assidue ; qui a sous les yeux une figure vieillie et déflorée et toutes les laideurs qui suivent l'âge, laideurs dont la simple mention est rebutante, et à plus forte raison le contact effectif auquel il est sans cesse contraint ; qui sent qu'on observe jalousement toutes ses démarches et tous ses entretiens, qui s'entend faire tantôt des compliments hors de propos et hors de mesure, et tantôt des reproches qui sont insoutenables, quand son amant est à jeun, et qui ne sont plus seulement insoutenables, mais infamants, lorsqu'il est ivre et que sa franchise ne connaît plus ni borne ni mesure.

XVIII. — Nuisible et importun quand il aime, l'amant, dès qu'il n'aime plus, devient infidèle aux promesses qu'il prodiguait pour l'avenir à grand renfort de serments et de prières ; car il ne maintenait le fastidieux commerce qu'il avait alors avec le jeune garçon qu'à grand-peine et par l'appât des biens qu'il faisait espérer. Maintenant qu'il faut s'acquitter, il a changé de maître et de chef, il obéit à la raison et à la sagesse, et non plus à l'amour et à la folie ; il est devenu tout autre à l'insu de son bien-aimé. Dès lors, l'un exige le prix de ses complaisances passées et rappelle à son amant ses démarches et ses paroles, comme s'il parlait au même homme ; l'autre, confus, n'ose pas avouer qu'il a changé et ne sait comment tenir les serments et les promesses qu'il a faits sous l'empire de sa folie d'autrefois ; car il a recouvré la raison, il est devenu sage et il ne voudrait pas, en retombant dans ses errements, ressembler à l'homme qu'il a été et redevenir ce qu'il était autrefois. En conséquence, il devient transfuge, et, contraint de frustrer celui qu'il a aimé jadis, parce que l'écaille est retournée, de poursuivant il devient fuyard. Le bien-aimé se voit forcé de le poursuivre ; il s'indigne, il atteste les dieux, parce qu'il n'a rien su dès le début ; il n'a pas su qu'il ne fallait jamais accorder ses faveurs à un homme épris et par là même insensé, mais plutôt à un homme sans amour et maître de sa raison ; qu'autrement il s'abandonnait forcément à un homme sans foi, chagrin, jaloux, déplaisant, nuisible à sa fortune, nuisible à sa santé, nuisible surtout au perfectionnement de son âme, laquelle est véritablement et sera toujours la chose du monde la plus précieuse aux yeux des hommes et des dieux. Il faut, mon enfant, méditer ces vérités, et savoir que l'amant, loin de lui vouloir du bien, aime l'enfant comme un plat dont il veut se rassasier, et que *les amants aiment l'enfant comme les loups aiment l'agneau.* »

XIX. — Voilà ce que j'avais à dire, Phèdre. Tu ne m'entendras pas dire un mot de plus : mon discours est fini.

PHÈDRE

Je croyais bien pourtant que tu n'en étais qu'à la moitié, et que tu allais traiter la contrepartie, démontrer qu'il faut donner la préférence à celui qui n'est pas épris et faire voir les avantages qui sont en sa faveur. Pourquoi donc, Socrate, t'arrêtes-tu en route ?

SOCRATE

N'as-tu pas pris garde, mon bon ami, que j'ai déjà embouché la trompette épique et délaissé le dithyrambe et cela pour blâmer ; si je me mets à louer l'autre, où m'arrêterai-je, à ton avis ? Ne sens-tu pas que les nymphes, auxquelles tu m'as livré de propos délibéré, vont me jeter dans un délire manifeste ? Je me bornerai donc à dire en un mot que tout ce que nous avons réprouvé chez l'un se tourne chez l'autre en avantage. Qu'est-il besoin d'un long discours ? J'en ai dit assez sur tous les deux ; mon discours, tel qu'il est, fera l'effet qu'il doit faire. Pour moi, je repasse la rivière et je m'en vais pour éviter de plus grandes violences de ta part.

PHÈDRE

Pas encore, Socrate, pas avant que la chaleur soit passée ; ne vois-tu pas qu'il va être midi, l'heure de la grosse chaleur ? Restons plutôt à causer de ce que nous venons de dire ; dès qu'il fera plus frais, nous partirons.

SOCRATE

Tu es extraordinaire, Phèdre, avec ta passion pour les discours, et vraiment je t'admire. Je suis persuadé que, des discours qui ont été faits de ton temps, c'est à toi que la plus grande part en revient, soit que tu les aies prononcés toi-même, soit que tu les aies fait, d'une manière ou d'une autre, prononcer à d'autres.

J'en excepte Simmias de Thèbes ; mais pour les autres tu les dépasses de beaucoup, et, à présent encore, je crois bien que tu es cause que j'ai un discours à faire.

PHÈDRE

Ce n'est pas une déclaration de guerre que tu fais là. Mais comment en suis-je cause et de quoi s'agit-il ?

SOCRATE

XX. — Au moment où j'allais passer la rivière, mon bon ami, j'ai senti le signal divin qui m'est familier et qui m'arrête toujours au moment où je prends une résolution, et j'ai cru entendre ici même une voix qui me défendait de partir avant d'avoir fait une expiation, comme si j'avais commis quelque faute envers la divinité. C'est qu'en effet je suis devin, devin médiocre, il est vrai ; je ressemble à ceux qui connaissent mal leurs lettres, j'en sais juste assez pour mon usage. Aussi je devine bien ma faute à présent. L'âme aussi, mon ami, est certainement douée d'une puissance divinatoire. Quelque chose me troublait depuis un moment, pendant que je parlais ; selon l'expression d'Ibycos[1], j'avais peur, étant coupable envers les dieux, d'en tirer gloire auprès des hommes. Je me rends compte à présent de ma faute.

PHÈDRE

De quelle faute ?

SOCRATE

Du fâcheux discours, Phèdre, du fâcheux discours que tu as apporté toi-même et de celui que tu m'as contraint à prononcer.

1. Ibycos : poète et musicien grec (VIe s. av. J.-C.), disciple de Stésichore (voir note suivante).

PHÈDRE

En quoi fâcheux ?

SOCRATE

Ce sont de sots discours, et quelque peu impies ; peut-il y en avoir de plus fâcheux ?

PHÈDRE

Non, si tu dis vrai.

SOCRATE

Quoi donc ? Ne crois-tu pas qu'Éros est fils d'Aphrodite et qu'il est dieu ?

PHÈDRE

On le dit.

SOCRATE

Pas Lysias, à coup sûr, ni toi, dans le discours que tu as prononcé par ma bouche, que tu avais ensorcelée. Mais si Éros est dieu ou quelque chose de divin, comme il l'est en effet, il ne saurait être mauvais ; or nos deux discours de tout à l'heure l'ont représenté comme mauvais ; par là ils ont offensé Éros. En outre, ils sont tous deux d'une sottise vraiment plaisante : bien qu'ils ne disent rien de sensé ni de vrai, ils prennent de grands airs, comme s'ils valaient quelque chose, parce qu'ils trompent quelques nigauds et se font un renom parmi eux. Il faut donc, ami, que j'expie ma faute. Or il y a pour les erreurs envers la mythologie une antique expiation qu'Homère n'a point connue, mais que Stésichore[1] a su pratiquer. Privé de la vue pour avoir

1. Stésichore : poète grec (v. 640-v. 550 av. J.-C.) : créateur du lyrisme choral pratiqué par les rhapsodes dans les récits épiques ou lyriques. Son nom signifie d'ailleurs « maître du chœur ».

diffamé Hélène, il ne méconnut pas la cause de son malheur, comme Homère, mais, instruit par les Muses, il la reconnut et fit aussitôt ces vers :

Non, ce récit n'est pas vrai : tu n'es pas montée sur les navires aux beaux tillacs et tu n'es pas entrée dans la citadelle de Troie.

Quand il eut achevé cette palinodie, comme on l'appelle, il recouvra la vue sur-le-champ. Pour moi, je prétends montrer plus de sagesse que ces poètes, au moins en un point ; car, avant qu'Éros me punisse de l'avoir diffamé, je vais lui offrir ma palinodie, et je le ferai à visage découvert et sans me voiler, comme je l'ai fait tout à l'heure par respect humain.

PHÈDRE

Tu ne pouvais rien imaginer, Socrate, qui me fût plus agréable.

SOCRATE

XXI. — Tu te rends bien compte, mon bon Phèdre, de l'imprudence de ces deux discours, le mien et celui du cahier. Si en effet un homme généreux et bon, épris d'un jeune garçon doué des mêmes qualités, ou ayant été jadis aimé lui-même, nous entendait dire que les amants conçoivent des haines violentes pour des bagatelles, qu'ils sont jaloux, qu'ils nuisent à leur bien-aimé, ne penses-tu pas qu'il nous prendrait pour des gens élevés parmi les matelots et sans aucune idée de l'amour des honnêtes gens, et qu'il serait bien éloigné de donner les mains aux reproches que nous faisons à Éros ?

PHÈDRE

Par Zeus, c'est bien possible, Socrate.

SOCRATE

Aussi, pour n'avoir point à rougir devant cet homme ni à craindre la vengeance d'Éros lui-même, je veux purifier mes oreilles, si je puis dire, de la salure de mes premiers propos avec l'eau douce d'un nouveau discours ; mais je conseille aussi à Lysias de reprendre la plume au plus vite pour montrer qu'à mérite égal il faut préférer l'amant au poursuivant sans amour.

PHÈDRE

Il le fera, sois-en sûr ; car, si tu prononces l'éloge de l'amour, il faudra bien que je force Lysias à écrire de son côté un nouveau discours sur le même sujet.

SOCRATE

On peut s'en fier à toi, tant que tu seras l'homme que je connais.

PHÈDRE

Tu peux donc parler en toute confiance.

SOCRATE

Mais où est l'enfant à qui je m'adressais ? Il faut qu'il entende encore ce que j'ai à dire et qu'il n'aille pas, faute de l'avoir entendu, se donner précipitamment à un homme sans amour.

PHÈDRE

Cet enfant est toujours à tes côtés, tout près de toi, et il y restera tant que tu voudras.

SOCRATE

XXII. — Figure-toi donc, bel enfant, que le discours précédent était de Phèdre, fils de Pythoclès, du dème de Myrrhinunte, et que celui que je vais prononcer est de Stésichore, fils d'Euphèmos, d'Himère. Voici comment il faut parler : Non, ce discours n'est pas vrai ; non, il ne faut pas, lorsqu'on a un amant, lui préférer un homme sans amour, par cela seul que l'un est en délire et que l'autre est dans son bon sens ; ce serait juste s'il était hors de doute que le délire fût un mal, mais au contraire le délire est pour nous la source des plus grands biens, quand il est l'effet d'une faveur divine. C'est dans le délire en effet que la prophétesse de Delphes et les prêtresses de Dodone ont rendu maints éminents services à la Grèce, tant aux États qu'aux particuliers ; de sang-froid, elles n'ont guère, ou n'ont point été utiles. Ne parlons pas de la sibylle et des autres devins inspirés par les dieux, qui, par leurs prédictions, ont mis dans le droit chemin bien des gens : ce serait allonger le discours sans rien apprendre à personne. Mais voici un témoignage qui mérite l'attention, c'est que, chez les anciens, ceux qui ont créé les mots n'ont pas cru que le délire fût ni honteux ni déshonorant ; car ils n'auraient pas attaché ce nom même au plus beau des arts, à l'art qui interprète l'avenir, et ne l'auraient pas appelé *manikè* (délire) ; c'est parce qu'ils regardaient le délire comme un don magnifique, quand il vient du ciel, qu'ils lui ont donné ce nom ; mais les modernes, insérant maladroitement un « t » dans le mot, en ont fait *mantikè* (divination). Quand, au contraire, des hommes de sang-froid cherchent à connaître l'avenir par les oiseaux et les autres signes, comme cet art se fonde sur le raisonnement pour fournir à la pensée humaine (οἴησις) l'intelligence (νοῦς) et la connaissance (ιστορία), on l'a appelé *oiônistikè*, dont les modernes ont fait *oiônistikè* (οἰωνιστική : « art des augures »), en y introduisant un emphatique oméga. Ainsi, autant la divination l'emporte en perfection et en dignité sur l'art augural, autant le nom l'emporte sur le nom, et l'objet sur l'objet, autant aussi, au témoignage des anciens, le délire l'emporte en noblesse sur la sagesse, le don qui vient des dieux sur le talent qui vient de l'homme.

Quand, pour venger de vieilles offenses, les dieux frappèrent certaines familles de maladies ou de fléaux redoutables, le délire, s'emparant de mortels désignés et faisant entendre sa voix inspirée à ceux qui devaient l'entendre, trouva le moyen de détourner ces maux, en recourant à des prières et à des cérémonies propitiatoires. C'est ainsi qu'en inventant les purifications et les expiations le délire préserva celui qui en était favorisé des maux présents et des maux futurs ; car il apprend à l'homme vraiment inspiré et possédé la manière de s'affranchir des maux qui surviennent.

Il y a une troisième espèce de possession et de délire, celui qui vient des Muses. Quand il s'empare d'une âme tendre et pure, il l'éveille, la transporte, lui inspire des odes et des poèmes de toute sorte et, célébrant d'innombrables hauts faits des anciens, fait l'éducation de leurs descendants. Mais quiconque approche des portes de la poésie sans que les Muses lui aient soufflé le délire, persuadé que l'art suffit pour faire de lui un bon poète, celui-là reste loin de la perfection, et la poésie du bon sens est éclipsée par la poésie de l'inspiration.

XXIII. — Tels sont, et je pourrais en citer d'autres, les heureux effets du délire inspiré par les dieux. Gardons-nous donc de le redouter, et ne nous laissons pas troubler ni intimider par ceux qui disent qu'il faut préférer à l'amant agité par la passion l'ami maître de lui. Il leur resterait encore à prouver, pour emporter l'honneur de la victoire, que ce n'est pas pour le bien des amants et des aimés que les dieux leur envoient l'amour. De notre côté nous avons, au contraire, à démontrer que c'est pour notre plus grande félicité que cette espèce de délire nous a été donnée. Notre démonstration ne persuadera pas les habiles, mais convaincra les sages. Il faut d'abord apprendre à connaître exactement la nature de l'âme divine et humaine, en considérant ses propriétés passives et actives. Nous partirons du principe que voici.

XXIV. — Toute âme est immortelle ; car ce qui est toujours en mouvement est immortel ; mais l'être qui en meut un autre et qui est mû par un autre, au moment où il cesse d'être mû, cesse de vivre ; seul, l'être qui se meut lui-même, ne pouvant se faire défaut à lui-même, ne cesse jamais de se mouvoir, et même il est pour tous les autres êtres qui tirent le mouvement du dehors la source et le principe du mouvement. Or un principe ne peut prendre naissance, car il faut admettre nécessairement que tout ce qui naît, naît d'un principe, mais que le principe ne peut naître absolument de rien ; car, si le principe naissait de quelque chose, il ne serait plus principe. Mais, parce qu'il n'a point eu de naissance, il ne saurait non plus avoir de fin ; car, si le principe périssait, jamais lui-même ne pourrait renaître de rien, et rien ne pourrait naître de lui, s'il est vrai que tout doit naître d'un principe. Ainsi l'être qui se meut lui-même est le principe du mouvement, et cet être ne saurait ni périr, ni naître ; autrement, le ciel tout entier et toute la génération des êtres tomberaient et s'arrêteraient, et ne retrouveraient plus jamais de quoi se mouvoir et renaître. L'immortalité de l'être qui se meut lui-même étant démontrée, on n'hésitera pas à reconnaître que le mouvement même est l'essence et l'idée même de l'âme ; car tout corps qui tire son mouvement du dehors est inanimé ; celui qui le tire du dedans, c'est-à-dire de lui-même, a une âme, puisque la nature de l'âme consiste en cela même. Mais s'il est vrai que ce qui se meut soi-même n'est pas autre chose que l'âme, il s'ensuit nécessairement que l'âme n'a pas eu de commencement et qu'elle n'aura pas de fin. J'en ai dit assez sur son immortalité.

XXV. — Il faut parler maintenant de la nature de l'âme. Pour montrer ce qu'elle est, il faudrait une science toute divine et de longs développements ; mais, pour en donner une idée approximative, on peut se contenter d'une science humaine et l'on peut être plus bref. J'adopterai donc ce dernier procédé, et je dirai qu'elle ressemble à une force composée d'un attelage et d'un cocher ailés. Chez les dieux, chevaux et cochers sont également bons et de bonne race ; chez les autres êtres, ils sont de valeur inégale ; chez nous, le cocher gouverne l'attelage, mais l'un de ses chevaux est excellent et d'excellente race, l'autre est tout le contraire et par lui-même et par son origine. Il s'ensuit fatalement que c'est une tâche pénible et malaisée de tenir les rênes de notre âme. Mais comment faut-il entendre les termes d'être mortel et d'être immortel, c'est ce qu'il faut tâcher d'expliquer. Tout ce qui est âme a la tutelle de tout ce qui est inanimé, et fait le tour du ciel, tantôt sous une forme, tantôt sous une autre. Quand elle est parfaite et ailée, elle parcourt l'empyrée et gouverne tout l'univers. Quand elle a perdu ses ailes, elle est emportée dans les airs, jusqu'à ce qu'elle saisisse quelque chose de solide, où elle établit sa demeure, et, quand elle a ainsi rencontré un corps terrestre, qui, sous son impulsion, paraît se mouvoir de lui-même, cet assemblage d'une âme et d'un corps s'appelle un animal, et on le qualifie de mortel. Quant au nom d'immortel, il ne s'explique par aucun raisonnement en forme ; mais dans l'impossibilité où nous sommes de voir et de connaître exactement la divinité, nous nous la représentons comme un être vivant immortel, doué d'une âme et d'un corps, éternellement unis l'un à l'autre. Mais qu'il en soit ce qu'il plaira à Dieu et qu'on en dise ce qu'on voudra ; recherchons pourquoi l'âme perd et laisse tomber ses ailes. Voici à peu près ce qu'on peut en dire :

XXVI. — La nature a doué l'aile du pouvoir d'élever ce qui est pesant vers les hauteurs où habite la race des dieux, et l'on peut dire que, de toutes les choses corporelles, c'est elle qui participe le plus à ce qui est divin. Or ce qui est divin, c'est ce qui est beau, sage, bon et tout ce qui ressemble à ces qualités ; et c'est ce qui nourrit et fortifie le mieux les ailes de l'âme, tandis que les défauts contraires, comme la laideur et la méchanceté, les ruinent et les détruisent. Or le guide suprême, Zeus, s'avance le premier dans le ciel, conduisant son char ailé, ordonnant et gouvernant toutes choses ; derrière lui marche l'armée des dieux et des démons répartie en onze cohortes ; car Hestia reste seule dans la maison des dieux, tandis que les autres, qui comptent parmi les douze dieux conducteurs, marchent en tête de leur cohorte, à la place qui leur a été assignée. Que d'heureux spectacles, que d'évolutions ravissantes animent l'intérieur du ciel, où les dieux bienheureux circulent pour accomplir leur tâche respective, accompagnés de tous ceux qui veulent et peuvent les suivre, car l'envie n'approche point du chœur des dieux ! Lorsqu'ils vont prendre leur nourriture au banquet divin, ils montent par un chemin escarpé au plus haut point de la voûte du ciel. Alors les chars des dieux, toujours en équilibre et faciles à diriger, montent sans effort ; mais les autres gravissent avec peine, parce que le cheval vicieux est pesant et qu'il alourdit et fait pencher le char vers la terre, s'il a été mal dressé par son cocher ; c'est une tâche pénible et une lutte suprême que l'âme doit alors affronter ; car les âmes immortelles, une fois parvenues au haut du ciel, passent de l'autre côté et vont se placer sur la voûte du ciel, et, tandis qu'elles s'y tiennent, la révolution du ciel les emporte dans sa course et elles contemplent les réalités qui sont en dehors du ciel.

XXVII. — L'espace qui s'étend au-dessus du ciel n'a pas encore été chanté par aucun des poètes d'ici-bas et ne sera jamais chanté dignement. Je vais dire ce qui en est ; car il faut oser dire la vérité, surtout quand on parle sur la vérité. L'essence, véritablement existante, qui est sans couleur, sans forme, impalpable, uniquement perceptible au guide de l'âme, l'intelligence, et qui est objet de la véritable science, réside en cet endroit. Or la pensée de Dieu, étant nourrie par l'intelligence et la science absolue, comme d'ailleurs la pensée de toute âme qui doit recevoir l'aliment qui lui est propre, se réjouit de revoir enfin l'être en soi et se nourrit avec délices de la contemplation de la vérité, jusqu'à ce que le mouvement circulaire la ramène à son point de départ. Pendant cette révolution, elle contemple la justice en soi, elle contemple la sagesse en soi, elle contemple la science, non celle qui est sujette à l'évolution ou qui diffère suivant les objets que nous qualifions ici-bas de réels, mais la science qui a pour objet l'Être absolu. Et quand elle a de même contemplé les autres essences et qu'elle s'en est nourrie, l'âme se replonge à l'intérieur de la voûte céleste et rentre dans sa demeure ; puis, lorsqu'elle est rentrée, le cocher, attachant ses chevaux à la crèche, leur jette l'ambroisie, puis leur fait boire le nectar.

XXVIII. — Telle est la vie des dieux. Parmi les autres âmes, celle qui suit la divinité de plus près et lui ressemble le plus élève la tête de son cocher vers l'autre côté du ciel et se laisse ainsi emporter au mouvement circulaire, mais, troublée par ses chevaux, elle a de la peine à contempler les essences ; telle autre tantôt s'élève, tantôt s'abaisse, mais, gênée par les mouvements désordonnés des chevaux, aperçoit certaines essences, tandis que d'autres lui échappent. Les autres âmes sont toutes avides de monter, mais, impuissantes à suivre, elles sont submergées dans le tourbillon qui les emporte, elles se foulent, elles se précipitent les unes sur les autres, chacune essayant de se pousser avant l'autre. De là un tumulte, des luttes et des efforts désespérés, où, par la faute des cochers, beaucoup d'âmes deviennent boiteuses, beaucoup perdent une grande partie de leurs ailes. Mais toutes, en dépit de leurs efforts, s'éloignent sans avoir pu jouir de la vue de l'absolu, et n'ont plus dès lors d'autre aliment que l'opinion. La raison de ce grand empressement à découvrir la plaine de la vérité, c'est que la pâture qui convient à la partie la plus noble de l'âme vient de la prairie qui s'y trouve, et que les propriétés naturelles de l'aile s'alimentent à ce qui rend l'âme plus légère ; c'est aussi cette loi d'Adrastée[1], que toute âme qui a pu suivre l'âme divine et contempler quelqu'une des vérités absolues est à l'abri du mal jusqu'à la révolution suivante, et que, si elle réussit à le faire toujours, elle est indemne pour toujours. Mais lorsque, impuissante à suivre les dieux, l'âme n'a pas vu les essences, et que par malheur, gorgée d'oubli et de vice, elle s'alourdit, puis perd ses ailes et tombe vers la terre, une loi lui défend d'animer à la première génération le corps d'un animal, et veut que l'âme qui a vu le plus de vérités produise un homme qui sera passionné pour la sagesse, la beauté, les Muses et l'amour, que l'âme qui tient le second rang donne un roi juste ou guerrier et habile à commander ; que celle du troisième rang donne un politique, un économe, un financier ; que celle du quatrième produise un gymnaste infatigable ou un médecin ; que celle du cinquième mène la vie du devin ou de l'initié ; que celle du sixième s'assortisse à un poète ou à quelque autre artiste imitateur, celle du septième à un artisan ou à un laboureur, celle du huitième à un sophiste ou à un démagogue, celle du neuvième à un tyran.

XXIX. — Dans tous ces états, ceux qui ont vécu en pratiquant la justice obtiennent en échange une destinée meilleure ; ceux qui l'ont violée, une destinée plus mauvaise. En effet, aucune âme ne revient au lieu d'où elle est partie avant dix mille années ; car elle ne recouvre pas ses ailes avant ce laps de temps, à moins qu'elle n'ait été l'âme d'un homme qui ait cherché la vérité avec un cœur simple ou qui ait aimé les jeunes gens d'un amour

1. Adrastée : autre nom de Némésis, déesse de la Vengeance.

philosophique. Alors à la troisième période de mille ans, si elle a embrassé trois fois de suite ce genre de vie, elle reprend ses ailes et retourne vers les dieux après la trois millième année. Pour les autres, quand elles sont arrivées au terme de leur première vie, elles subissent un jugement. Ce jugement rendu, les unes descendent dans les prisons souterraines pour y payer leur peine ; les autres, allégées par l'arrêt du juge, s'élèvent vers un certain endroit du ciel pour y mener l'existence qu'elles ont méritée, tandis qu'elles vivaient sous la forme humaine. Au bout de mille ans, les unes et les autres reviennent pour prendre part à un nouveau partage, où chacune peut choisir la vie qui lui plaît. Alors l'âme d'un homme entre dans le corps d'une bête, et l'âme d'une bête rentre dans le corps d'un homme, pourvu qu'elle ait été déjà un homme ; car celle qui n'a jamais vu la vérité ne saurait revêtir la forme humaine. Pour être homme, en effet, il faut comprendre ce qu'on appelle le général, qui, partant de la multiplicité des sensations, les ramène par le raisonnement à l'unité. Or cette faculté est une réminiscence des choses que notre âme a vues quand elle cheminait avec l'âme divine et que, dédaignant ce que nous prenons ici-bas pour des êtres, elle se redressait pour contempler l'être véritable. Voilà pourquoi il est juste que, seule, la pensée du philosophe ait des ailes ; car elle ne cesse de poursuivre de toutes ses forces, par le souvenir, les choses dont la possession assure à Dieu même sa divinité. L'homme qui sait tirer parti de ces réminiscences, initié sans cesse aux mystères de l'absolue perfection, devient seul véritablement parfait. Détaché des passions humaines et occupé des choses divines il encourt les reproches de la foule, qui le tient pour insensé et ne s'aperçoit pas qu'il est inspiré.

XXX. — C'est ici qu'en voulait venir tout ce discours sur la quatrième espèce de délire. Quand la vue de la beauté terrestre réveille le souvenir de la beauté véritable, que l'âme revêt des ailes et que, confiante en ces ailes nouvelles, elle brûle de prendre son essor, mais que, sentant son impuissance, elle lève, comme l'oiseau, ses regards vers le ciel, et que, négligeant les choses d'ici-bas, elle se fait accuser de folie, l'enthousiasme qui s'élève ainsi est le plus enviable, en lui-même et dans ses causes, pour celui qui le ressent et pour celui auquel il le communique ; et celui qui, possédé de ce délire, s'éprend d'amour pour les beaux jeunes gens reçoit le nom d'amant. J'ai dit que toute âme d'homme a naturellement contemplé les essences, autrement elle ne serait pas entrée dans un homme ; mais il n'est pas également facile à toutes les âmes de se ressouvenir des choses du ciel à la vue des choses de la terre ; car certaines âmes n'ont qu'entrevu les choses du ciel ; d'autres, après leur chute sur la terre, ont eu le malheur de se laisser entraîner à l'injustice par les mauvaises compagnies, et d'oublier les mystères sacrés qu'elles ont vus alors ; il n'en reste qu'un petit nombre qui en ont gardé un souvenir suffisant. Quand celles-ci aperçoivent quelque image des choses du ciel, elles sont saisies et ne sont plus maîtresses d'elles-mêmes ; mais elles ne reconnaissent pas ce qu'elles éprouvent, parce qu'elles n'en ont pas des perceptions assez claires. C'est qu'en ce qui regarde la justice, la tempérance et les autres biens de l'âme, leurs images d'ici-bas ne jettent point d'éclat ; par suite de la faiblesse de nos organes, c'est à peine si quelques-uns, rencontrant des images de ces vertus, reconnaissent le genre du modèle qu'elles représentent. Mais la beauté, au contraire, était facile à voir à cause de son éclat, lorsque, mêlés au chœur des bienheureux, nous, à la suite de Zeus, d'autres, à la suite d'un autre dieu, nous jouissions de cette vue et de cette contemplation ravissante, et qu'initiés, on peut le dire, aux plus délicieux des mystères, et les célébrant dans la plénitude de la perfection et, à l'abri de tous les maux qui nous attendaient dans l'avenir, nous étions admis à contempler dans une pure lumière des apparitions parfaites, simples, immuables, bienheureuses, purs nous-mêmes et exempts des stigmates de ce fardeau que nous portons avec nous et que nous appelons le corps, et où nous sommes emprisonnés comme l'huître dans sa coquille.

XXXI. — Il faut pardonner ces longueurs au souvenir et au regret de ces visions célestes. Je reviens à la beauté. Nous l'avons vue alors, je l'ai dit, resplendir parmi ces visions ; retombés sur la terre, nous la voyons par le plus pénétrant de tous les sens effacer tout de son éclat. La vue est, en effet, le plus subtil des organes du corps ; cependant elle ne perçoit pas la sagesse ; car la sagesse susciterait d'incroyables amours si elle présentait à nos yeux une image aussi claire que celle de la beauté, et il en serait de même de toutes les essences dignes de notre amour. La beauté seule jouit du privilège d'être la plus visible et la plus charmante. Mais l'homme dont l'initiation est ancienne ou qui s'est laissé corrompre a peine à remonter d'ici-bas, dans l'autre monde, vers la beauté absolue, quand il contemple sur terre une image qui en porte le nom. Aussi, loin de sentir du respect à sa vue, il cède à l'aiguillon du plaisir, et, comme une bête, il cherche à la saillir et à lui jeter sa semence, et dans la frénésie de ses approches il ne craint ni ne rougit de poursuivre une volupté contre nature. Mais celui qui a été récemment initié, qui a beaucoup vu dans le ciel, aperçoit-il en un visage une heureuse imitation de la beauté divine ou dans un corps quelques traits de la beauté idéale, aussitôt il frissonne et sent remuer en lui quelque chose de ses émotions d'autrefois ; puis, les regards attachés sur le bel objet, il le vénère comme un dieu, et, s'il ne craignait de passer pour frénétique, il lui offrirait des victimes comme à une idole ou à un dieu. À sa vue, comme s'il avait le frisson de la fièvre, il change de couleur, il se couvre de sueur, il se sent brûlé d'un feu inaccoutumé. À peine a-t-il reçu par les yeux les effluves de la beauté qu'il s'échauffe, et que la substance de ses ailes en est arrosée. Cette chaleur fond l'enveloppe, qui, resserrée longtemps par la sécheresse, les empêchait de germer ; sous l'afflux des effluves nourrissants la tige de l'aile se gonfle et se met à pousser de la racine sur toute la forme de l'âme ; car jadis l'âme était tout ailes.

XXXII. — En cet état l'âme tout entière bouillonne et se soulève ; elle éprouve le même malaise que ceux qui font des dents : la croissance des dents provoque des démangeaisons et une irritation des gencives ; c'est ce qui arrive à l'âme dont les ailes commencent à pousser : la pousse des ailes provoque une effervescence, un agacement, des démangeaisons du même genre. Quand elle regarde la beauté du jeune garçon et que des parcelles s'en détachent et coulent en elle — de là vient le nom donné au désir — et qu'en la pénétrant elles l'arrosent et l'échauffent tout ensemble, l'âme respire et se réjouit. Mais quand elle est séparée du bien-aimé et qu'elle se dessèche, les orifices des pores par où sortent les ailes se desséchant aussi se ferment et barrent la route au germe des ailes. Ce germe enfermé avec le désir saute comme le sang bat dans les artères, pique chacune des issues respectives où il se trouve, de sorte que l'âme, aiguillonnée de toutes parts, se débat dans la souffrance. Mais, d'un autre côté, elle se réjouit au souvenir de la beauté. Cet étrange mélange de douleur et de joie la tourmente et, dans sa perplexité, elle s'enrage, et sa frénésie l'empêche de dormir la nuit et de rester en place pendant le jour ; aussi elle court avidement du côté où elle pense voir celui qui possède la beauté. Quand elle l'a vu et qu'elle a fait entrer en elle le désir, elle sent s'ouvrir les issues fermées naguère, et, reprenant haleine, elle ne sent plus l'aiguillon ni la douleur ; au contraire, elle goûte pour le moment la volupté la plus suave. Aussi l'amant ne voudrait-il jamais quitter son bel ami, et le met-il au-dessus de tout ; mère, frères, camarades, il oublie tout, et si sa fortune négligée se perd, il n'en a cure. Les usages et les convenances, qu'il se piquait d'observer auparavant, le laissent indifférent ; il consent à être esclave et à dormir où l'on voudra, mais le plus près possible de l'objet de son désir ; car, outre qu'il vénère celui qui possède la beauté, il ne trouve qu'en lui le médecin de ses tourments. Cette affection, bel enfant à qui s'adresse mon discours, les hommes l'appellent Éros ; quant au nom que lui donnent les dieux, tu en riras sans doute, parce que tu es jeune. Certains Homérides, je crois, citent à propos d'Éros deux vers des poèmes détachés, dont l'un est tout à fait irrespectueux et peu modeste. Ces vers disent :

Les mortels le nomment Éros ailé,

Et les dieux Ptéros, parce qu'il donne des ailes.

On peut admettre ou rejeter l'autorité de ces vers ; mais la cause et la nature de l'affection des amants sont exactement telles que je les ai dépeintes.

XXXIII. — Quand un suivant de Zeus est épris d'amour, il a plus de force pour supporter le choc du dieu ailé ; ceux qui ont été les sectateurs d'Arès et qui ont fait le tour du ciel à sa suite, quand ils sont captivés par Éros et qu'ils se croient outragés par le bien-aimé, deviennent meurtriers et n'hésitent pas à sacrifier et eux-mêmes et l'objet de leur amour. C'est ainsi que chacun, honorant et imitant le dieu dont il a été choreute, règle, autant qu'il le peut, sa vie sur lui, tant qu'il n'est pas corrompu et qu'il n'a pas dépassé la première génération sur la terre ; et le même principe gouverne sa conduite dans ses relations avec ceux qu'il aime et avec les autres. Chacun choisit selon son caractère parmi les beaux garçons l'objet de son amour ; il en fait son dieu, il lui dresse une statue dans son cœur et la charge d'ornements, pour la vénérer et célébrer ses mystères. Les sectateurs de Zeus recherchent un ami qui ait une âme de Zeus ; ils examinent s'il a le goût de la sagesse et le don du commandement, et, quand ils l'ont trouvé et s'en sont épris, ils font tout pour perfectionner en lui ces qualités. S'ils ne s'étaient pas encore engagés dans les études qui s'y rapportent, ils s'y adonnent et s'instruisent près des maîtres qu'ils peuvent trouver ou par leurs propres recherches ; ils scrutent en eux-mêmes pour découvrir la nature de leur dieu, et ils y réussissent, parce qu'ils sont forcés de tenir leurs regards tendus vers le dieu ; puis, quand ils l'ont ressaisi par le souvenir, pris d'enthousiasme, ils lui empruntent ses mœurs et ses goûts, autant qu'il est possible à l'homme de participer à la divinité. Comme ils attribuent ce perfectionnement au bien-aimé, ils l'en aiment encore davantage, et, quand ils ont puisé leur inspiration en Zeus, comme les bacchantes, ils la reversent dans l'âme du bien-aimé et le rendent autant qu'ils le peuvent semblable à leur dieu. Ceux qui suivaient Héra cherchent une âme royale, et, quand ils l'ont trouvée, ils tiennent avec elle la même conduite. Les suivants d'Apollon et de chacun des autres dieux, se réglant de même sur leur dieu, cherchent dans leur jeune ami un naturel conforme à leur modèle, et, quand ils l'ont trouvé, alors, imitant le dieu et pressant le jeune homme de l'imiter, ils règlent ses inclinations et l'amènent à reproduire le caractère et l'idée du dieu, autant qu'il peut le faire. Loin d'avoir pour le bien-aimé de la jalousie ou une basse malveillance, ils font tous les efforts possibles pour l'amener à une parfaite ressemblance avec eux et le dieu qu'ils honorent. Ainsi le zèle des vrais amants et leurs initiations, s'ils parviennent à réaliser leur désir de la manière que je dis, ont une belle et heureuse influence sur l'aimé, quand il est pris par un amant en délire. Or voici comment il se laisse prendre.

XXXIV. — Au début de cette allégorie, j'ai distingué dans l'âme trois parties, et assimilé les deux premières à des chevaux et la troisième à un cocher. Continuons à faire usage de la même figure. Des deux chevaux, disions-nous, l'un est bon, l'autre ne l'est pas ; mais nous n'avons pas dit en quoi consistait la bonté de l'un, la méchanceté de l'autre ; c'est ce qu'il faut expliquer à présent. Le premier, placé à droite, est droit et bien découplé, d'encolure haute, les naseaux aquilins, la robe blanche et les yeux noirs ; il est amoureux de l'honneur, de la tempérance et de la pudeur, attaché à l'opinion vraie ; la parole et la raison, sans les coups, suffisent à le conduire ; l'autre, au contraire, est tortu, épais, mal bâti, le col trapu, l'encolure courte, la face camarde[1], la robe noire, les yeux bleus et injectés de sang ; il est ami de la violence et de la fanfaronnade, il est velu autour des oreilles, il est sourd et n'obéit qu'avec peine au fouet et à l'aiguillon. Quand donc le cocher, apercevant l'objet d'amour, sent toute son âme prendre feu et qu'il est envahi par les chatouillements et les aiguillons du désir, le cheval docile aux rênes, dominé comme toujours par la pudeur, se retient de bondir sur le bien-aimé ; mais l'autre, sans souci de l'aiguillon ni du fouet, saute et s'emporte avec violence ; il donne toutes les peines du monde à son compagnon d'attelage et à son cocher, et les contraint d'aborder le jeune garçon et de l'entretenir des plaisirs d'Aphrodite. Tous les deux résistent d'abord, indignés qu'on les pousse à des démarches si hardies et si criminelles ; mais à la fin, comme il ne cesse de les tourmenter, ils se laissent entraîner, cèdent et consentent à lui obéir ; ils s'approchent du jeune homme et contemplent cette apparition resplendissante.

XXXV. — À sa vue, la mémoire du cocher se reporte vers l'essence de la beauté, et il la revoit debout avec la tempérance sur un piédestal sacré. Devant cette vision, saisi de crainte et de respect, il se renverse en arrière, ce qui lui fait tirer les rênes avec tant de violence que les deux chevaux tombent sur leur croupe, l'un volontairement, parce qu'il ne résiste pas, mais l'autre, le brutal, tout à fait malgré lui. Tandis qu'ils reculent, l'un, de honte et de stupeur, mouille de sueur l'âme tout entière ;

1. Camarde : au nez plat et écrasé (de *camus*).

mais l'autre, remis de la douleur que le mors et sa chute lui ont causée, ayant à peine repris haleine, s'emporte et charge de reproches et d'outrages son guide et son compagnon, sous prétexte qu'ils ont, par lâcheté et couardise, abandonné leur poste et manqué à leur parole. En dépit qu'ils en aient, il veut les contraindre à revenir à la charge, et c'est à grand-peine qu'il accorde un délai à leurs prières. Le terme échu, comme ils font semblant d'oublier, il leur rappelle leur engagement, les violente, hennit, les tiraille et les force à s'approcher du jeune garçon pour lui faire les mêmes propositions ; puis, quand ils sont en sa présence, avançant la tête, tendant la queue, mordant le frein, il les traîne avec effronterie ; mais le cocher, saisi d'une émotion plus forte encore que la première fois, comme s'il se rejetait en arrière à l'entrée de la carrière, tire encore plus fort sur la bouche du cheval emporté, ensanglante sa langue insolente et ses mâchoires, le renverse sur ses jambes de derrière et sa croupe, et le fait souffrir. Lorsque, après plusieurs expériences de cette nature, le cheval vicieux a perdu sa fougue et se sent dompté, il obéit désormais à son prévoyant cocher, et, quand il voit le bel enfant, il se meurt de terreur. C'est alors seulement que l'âme de l'amant suit le jeune garçon avec respect et avec crainte.

XXXVI. — Le jeune homme qui se voit entouré de soins de toute sorte et honoré comme un dieu par un amant, non pas simulé, mais véritablement épris, et qui se sent naturellement porté par l'amitié vers son adorateur, a pu auparavant entendre ses condisciples ou d'autres personnes dénigrer l'amour et soutenir qu'il est honteux d'avoir un commerce amoureux, il a pu sous ce prétexte repousser son amant ; mais avec le temps, l'âge et la loi de la nature l'amènent à le recevoir dans son intimité ; car il n'a jamais été dans les arrêts du destin qu'un méchant soit l'ami d'un méchant, et qu'un homme de bien ne puisse être l'ami d'un homme de bien. Or quand le jeune homme a consenti à l'accueillir dans sa compagnie, et à prêter l'oreille à ses discours, l'affection de l'amant, circonvenant son cœur de plus près, le ravit ; il comprend que l'affection de tous les amis et parents ensemble n'est rien auprès de celle d'un amant inspiré. Quand il s'est prêté à ces relations pendant quelque temps, qu'il s'est approché de lui et l'a touché dans les gymnases et les autres réunions, dès lors la source de ce courant que Zeus, amoureux de Ganymède[1], a nommé le désir, roulant à grands flots vers l'amant, pénètre en lui, et quand il en est rempli, le reste s'épanche au-dehors, et, comme un souffle ou un son renvoyé par un corps lisse et solide revient au point d'où il est parti, ainsi le courant de la beauté revient dans l'âme du bel enfant par les yeux, chemin naturel de l'âme, ouvre les passages des ailes, les arrose et en fait sortir les ailes, et remplit en même temps d'amour l'âme du bien-aimé. Il aime donc, mais il ne sait quoi ; il ne se rend pas compte de ce qu'il éprouve et il est incapable de l'expliquer ; comme un homme qui a pris l'ophtalmie d'un autre, il ne peut dire la cause de son mal, et il ne s'aperçoit pas qu'il se voit dans son amant comme dans un miroir. En sa présence, il oublie, comme lui, ses tourments ; en son absence, il le regrette, comme il en est regretté ; son amour est l'image réfléchie de l'amour de son amant ; mais il ne l'appelle pas amour, il n'y voit que de l'amitié. Comme lui, quoique plus faiblement, il désire le voir, le toucher, le baiser, coucher à ses côtés, et naturellement il ne tarde pas à le faire. Tandis qu'il est couché près de lui, le cheval lascif de l'amant a bien des choses à dire au cocher, et pour prix de tant de peines il réclame un peu de plaisir. Le cheval du jeune homme n'a rien à dire ; mais, gonflé de désirs vagues, il embrasse l'amant et le baise, comme on caresse un tendre ami, et, quand ils sont couchés ensemble, il est prêt pour sa part à donner ses faveurs à l'amant, s'il en fait la prière. Mais d'un autre côté son compagnon et le cocher s'y opposent au nom de la pudeur et de la raison.

XXXVII. — Si les éléments supérieurs de l'âme ont la victoire et réduisent les amants à mener une vie réglée et à cultiver la philosophie, ils passent leur existence terrestre dans le bonheur et l'union ; maîtres d'eux-mêmes et réglés dans leur conduite, ils tiennent en servage la partie où naît le vice, et assurent la liberté à celle où naît la vertu. À la fin de leur vie, reprenant leurs ailes et leur légèreté, ils sortent vainqueurs d'une de ces

1. Ganymède : jeune prince de Troie, célèbre pour sa beauté. Zeus, alors changé en aigle, l'enleva pour l'installer sur l'Olympe où Ganymède devint le serviteur des dieux, chargé de verser le nectar.

trois luttes qu'on peut appeler vraiment olympiques, et c'est un tel bien que ni la sagesse humaine ni le délire divin ne sont capables d'en procurer à l'homme un plus grand. Mais s'ils ont embrassé un genre de vie moins noble, où la philosophie n'a point de part, s'ils s'attachent aux honneurs, il se peut que, dans l'ivresse ou dans tout autre moment d'oubli, les deux chevaux intempérants de l'un et de l'autre surprennent leurs âmes sans défense, les amènent au même but, et fassent un choix que le vulgaire trouve enviable : qu'elles assouvissent leurs désirs. Leur brutalité satisfaite, ils recommencent encore, mais rarement, parce qu'une telle conduite n'est pas approuvée de l'âme tout entière. Ces amants aussi restent amis, mais moins étroitement que les premiers, et dans le temps de leur passion et après qu'elle s'est éteinte ; car ils pensent qu'ils se sont donné et ont reçu mutuellement les gages les plus solides, qu'il serait impie de briser de tels nœuds et d'en venir à se haïr. À la fin de leur vie, sans ailes encore, mais brûlant d'en avoir, leurs âmes sortent du corps et sont récompensées magnifiquement de leur délire amoureux ; car la loi défend que celles qui ont commencé leur voyage céleste descendent dans les ténèbres d'un voyage souterrain ; elles mènent une vie brillante et heureuse, en voyageant ensemble, et quand elles reçoivent des ailes, elles les reçoivent ensemble en récompense de leur amour.

XXXVIII. — Tels sont, mon enfant, les grands et divins avantages que te procurera l'affection d'un amant ; mais l'intimité d'un homme sans amour, gâtée par une sagesse mortelle, appliquée à ménager des intérêts périssables et frivoles, n'enfantera dans l'âme de l'aimé que cette bassesse que la foule décore du nom de vertu, et la fera rouler, privée de raison, autour de la terre et sous la terre, pendant neuf mille années.

Voilà, cher Éros, la palinodie la plus belle et la meilleure que j'aie pu faire pour te l'offrir en expiation ; si les idées et particulièrement les expressions ont une couleur poétique, c'est Phèdre qui m'a forcé à parler ainsi. Pardonne à mon premier discours, prends en gré celui-ci ; sois-moi favorable et propice ; ne m'ôte pas, ne diminue pas dans ta colère cet art d'aimer dont tu m'as fait présent ; accorde-moi au contraire d'être prisé plus que jamais dans la société des beaux jeunes gens. Si tout à l'heure, Phèdre et moi, nous t'avons offensé dans nos discours, accuses-en Lysias, le père de ce débat ; oblige-le à renoncer à de telles compositions, et tourne-le vers la philosophie comme son frère Polémarque s'y est tourné, afin que son amant qui m'écoute ne reste point partagé entre deux partis, mais qu'il consacre résolument sa vie à l'amour réglé par la philosophie.

PHÈDRE

XXXIX. — Je joins ma prière à la tienne, Socrate, pour que tes souhaits, s'ils nous sont réellement avantageux, se réalisent. Quant à ton discours, je n'ai pas attendu la fin pour en admirer la beauté : il est bien supérieur au premier. Aussi je crois que Lysias ne fasse piètre figure, en admettant qu'il se prête à composer un pendant à ton discours. Aussi bien, tout dernièrement, merveilleux Socrate, un de nos hommes d'État, le prenant à parti, lui reprochait justement d'écrire, et, d'un bout à l'autre de sa diatribe, le traitait de faiseur de discours. Il se pourrait donc bien que par respect humain il refusât d'écrire.

SOCRATE

Voilà une idée qui n'est pas sérieuse, jeune homme, et tu connais bien mal ton ami si tu le crois si timoré ; mais peut-être penses-tu que son détracteur aussi parlait sérieusement ?

PHÈDRE

Il en avait bien l'air, Socrate, et tu sais toi-même que les hommes les plus puissants et les plus considérables dans les États rougissent d'écrire des discours et de laisser des écrits, dans la crainte de passer auprès de la postérité pour des sophistes.

SOCRATE

Tu oublies, Phèdre, que le proverbe « coude charmant » vient du grand coude du Nil. Outre cela, tu ne vois pas non plus que les hommes d'État les plus infatués sont les plus ardents à rédiger des discours et à laisser des écrits après eux. Quand ils ont écrit un discours, ils sont si contents d'avoir des approbateurs qu'ils ne manquent jamais d'inscrire en première ligne le nom de ceux qui les approuvent.

PHÈDRE

Que dis-tu ? Je ne comprends pas.

SOCRATE

Tu ne comprends pas qu'en tête de tout écrit d'un homme d'État on trouve toujours inscrit l'approbateur.

PHÈDRE

Comment ?

SOCRATE

Il a plu, dit-il, au Sénat, ou au peuple, ou à tous les deux, sur la proposition d'un tel, et ici l'auteur se loue lui-même en termes magnifiques, et il continue en étalant à ses admirateurs sa propre sagesse dans un écrit qui prend parfois des proportions considérables. Ne te semble-t-il pas qu'un placard de ce genre n'est autre chose qu'un discours écrit ?

PHÈDRE

Il me le semble.

SOCRATE

L'écrit passe-t-il, l'auteur sort tout joyeux du théâtre ; est-il rejeté, et l'auteur se voit-il ôter l'honneur d'être un faiseur de discours et juger indigne d'écrire, il s'en désole, et ses amis avec lui.

PHÈDRE

C'est vrai.

SOCRATE

Preuve que, loin de mépriser ce métier, ils le regardent avec envie.

PHÈDRE

Sans doute.

SOCRATE

Mais quoi ? lorsqu'un orateur ou un roi est capable de revêtir la puissance d'un Lycurgue, d'un Solon, d'un Darius, et de s'immortaliser dans un État comme faiseur de discours, ne se regarde-t-il pas lui-même comme un dieu durant sa vie, et la postérité ne porte-t-elle pas de lui le même jugement, en considérant ses écrits ?

PHÈDRE

Certainement.

SOCRATE

Penses-tu donc qu'un de ces politiques, quels que soient son caractère et sa malveillance pour Lysias, lui fasse honte de son talent même d'écrivain ?

PHÈDRE

Ce n'est pas vraisemblable, d'après ce que tu dis ; car ce serait dénigrer, ce me semble, sa propre passion.

SOCRATE

XL. — Il est donc évident pour tout le monde que le fait même d'écrire des discours n'emporte pas de honte.

PHÈDRE

En effet.

SOCRATE

Mais ce qui est honteux, ce me semble, c'est de ne pas parler et écrire comme il faut, mais de parler et d'écrire mal et ridiculement.

PHÈDRE

C'est évident.

SOCRATE

Qu'est-ce donc que bien ou mal écrire ? Faut-il, Phèdre, que nous interrogions sur ce point Lysias et tout autre qui a écrit ou doit écrire sur un sujet public ou privé, en vers, comme un poète, ou en style libre, comme un prosateur ?

PHÈDRE

S'il le faut ? dis-tu. Et pourquoi vivrait-on, j'ose le dire, sinon pour de tels plaisirs ? Ce n'est pas vivre que de vivre pour ceux qui sont nécessairement précédés d'une peine sans laquelle il n'y aurait même pas de plaisir, ce qui est le cas de presque tous les plaisirs physiques, qu'on a justement pour ce motif appelés serviles.

SOCRATE

Nous avons du temps, n'est-ce pas ? Et puis les cigales qui, sous l'effet de la chaleur étouffante, chantent et s'entretiennent ensemble au-dessus de nos têtes, semblent nous regarder. Si donc elles nous voyaient tous deux, comme le commun des hommes, cesser nos entretiens au milieu du jour, baisser la tête et bercer à leurs chansons nos esprits paresseux, elles se moqueraient de nous avec juste raison ; elles penseraient voir des esclaves qui seraient venus près d'elles en cet asile pour faire la sieste, comme des moutons assoupis à l'heure de midi autour de la fontaine ; mais si elles nous voient converser et passer à côté d'elles sans nous laisser charmer par leurs chants de sirènes, elles nous admireront et peut-être nous feront-elles part de cette récompense que, par une permission des dieux, elles peuvent accorder aux hommes.

PHÈDRE

XLI. — De quelle récompense veux-tu parler ? Je crois bien que je n'en ai jamais entendu parler.

SOCRATE

Il ne sied pas à un ami des Muses d'ignorer ces choses-là. On dit que jadis, avant la naissance des Muses, les cigales étaient des hommes. Quand les Muses naquirent et firent connaître le chant aux hommes, certains d'entre eux furent alors tellement transportés de plaisir qu'ils oublièrent en chantant de boire et de manger et moururent sans s'en apercevoir. C'est d'eux que vient la race des cigales, qui ont reçu des Muses le privilège de n'avoir pas besoin de nourriture et de chanter, de leur naissance à leur mort, sans boire ni manger, puis d'aller rapporter aux Muses par qui chacune d'elles est honorée ici-bas. Ainsi elles font connaître à Terpsichore ceux qui l'ont honorée dans les chœurs et elles augmentent sa tendresse pour eux, à Érato ceux qui l'ont honorée dans leurs poèmes d'amour, et de même aux autres, ceux qui leur ont rendu le genre d'hommage qui leur convient. À Calliope, la plus ancienne, et à Uranie, la cadette, elles rapportent les noms de ceux qui passent leur vie à philosopher et qui honorent les arts auxquels elles président. Ces deux Muses, qui sont spécialement occupées du ciel et des discours des dieux et des hommes, sont celles dont les accents sont les plus beaux. Voilà bien des raisons de parler, au lieu de faire la sieste de midi.

PHÈDRE

Eh bien, parlons.

SOCRATE

XLII. — Nous nous proposions tout à l'heure d'examiner ce qui fait qu'on parle ou qu'on écrit bien ou mal ; n'est-ce pas le moment de faire cet examen ?

PHÈDRE

Évidemment si.

SOCRATE

N'est-il pas nécessaire, pour qu'un discours soit parfait, qu'il ait pour fondement la connaissance de la vérité touchant la question qu'on veut traiter ?

PHÈDRE

J'ai entendu dire à ce sujet, mon cher Socrate, qu'il n'était pas nécessaire au futur orateur de connaître ce qui est réellement juste, mais ce qui semble juste à la multitude chargée de prononcer, ni ce qui est réellement bon ou beau, mais ce qui paraîtra tel ; car c'est de la vraisemblance, non de la vérité, que sort la persuasion.

SOCRATE

Il ne faut pas dédaigner, Phèdre, une parole tombée de la bouche des sages ; il faut voir si elle est juste, et ce que tu viens de dire mérite qu'on s'y arrête.

PHÈDRE

Tu as raison.

SOCRATE

Nous nous y prendrons de la manière que voici.

PHÈDRE

Voyons.

SOCRATE

Si je te conseillais de te procurer un cheval pour aller à la guerre et que nous ignorions tous deux ce qu'est un cheval, si je savais seulement que Phèdre prend pour un cheval celui des animaux domestiques qui a les plus grandes oreilles…

PHÈDRE

Il y aurait de quoi rire, Socrate.

SOCRATE

Non, pas encore. Si je voulais sérieusement te persuader, et si pour cela je composais un discours à la louange de l'âne que j'appellerais cheval, disant que c'est une bête inestimable à la maison et à l'armée, propre à te porter au combat, capable de transporter les bagages et apte à bien d'autres usages…

PHÈDRE

Ce serait le comble du ridicule.

SOCRATE

Ne vaut-il pas mieux être ridicule que dangereux et funeste à ses amis ?

PHÈDRE

Sans doute.

SOCRATE

Lors donc qu'un orateur ignorant le bien et le mal trouve ses concitoyens dans la même ignorance, et entreprend de les persuader, non pas en louant l'ombre d'un âne sous le nom de cheval, mais en louant le mal sous le nom de bien, et lorsque ayant étudié les préjugés de la multitude il arrive à lui persuader de faire le mal au lieu du bien, à ton avis, quels fruits la rhétorique récoltera-t-elle de ce qu'elle a semé ?

PHÈDRE

Des fruits assez mauvais.

SOCRATE

XLIII. — N'aurions-nous pas, mon bon ami, maltraité la rhétorique un peu brutalement ? Peut-être pourrait-elle nous dire : Qu'est-ce donc que vous débitez là ? Vous êtes d'étranges raisonneurs. Je ne force personne à apprendre l'art de la parole sans connaître le vrai ; mais, si mon avis a quelque valeur, qu'on s'assure d'abord la possession de la vérité, on viendra ensuite à moi ; car j'affirme bien haut que sans moi on aura beau posséder la vérité, on n'en sera pas plus capable de persuader par les règles de l'art.

PHÈDRE

N'aurait-elle pas raison de parler ainsi ?

SOCRATE

Sans doute si les voix qui s'élèvent vers elle rendent témoignage qu'elle est un art ; mais je crois en entendre qui s'approchent et protestent qu'elle ment et qu'elle n'est pas un art, mais une simple routine. De véritable art de la parole, en dehors de la vérité, il n'y en a pas, dit le Laconien, et il n'y en aura jamais.

PHÈDRE

Il faut donner audience à ces voix, Socrate ; fais-les comparaître ici et approfondis leurs paroles et leurs raisons.

SOCRATE

Approchez, nobles créatures, et persuadez Phèdre, père de beaux enfants, que, s'il n'a pas suffisamment étudié la philosophie, il ne sera jamais capable de parler sur quoi que ce soit. Que Phèdre réponde.

PHÈDRE

Interrogez.

SOCRATE

La rhétorique en général n'est-elle pas l'art de conduire les âmes par la parole, non seulement dans les tribunaux et toutes les autres assemblées publiques, mais encore dans les réunions privées, art qui ne varie pas selon la petitesse ou la grandeur des sujets et dont le juste emploi ne fait pas moins d'honneur dans les choses légères que dans les choses importantes ? N'est-ce pas en ce sens que tu en as entendu parler ?

PHÈDRE

Non, par Zeus, ce n'est pas tout à fait cela ; mais c'est surtout dans les tribunaux que règne l'art de parler et d'écrire ; on pratique aussi l'art de parler dans les assemblées du peuple. Je n'ai pas entendu dire qu'il s'étendît plus loin.

SOCRATE

Tu ne connais donc que les traités de rhétorique de Nestor et d'Ulysse, qu'ils composèrent dans leurs loisirs sous les murs d'Ilion, et tu n'as jamais entendu parler de ceux de Palamède ?

PHÈDRE

Non, par Zeus, non plus que des traités de Nestor, à moins que tu n'ériges Gorgias en Nestor et Ulysse en Thrasymaque ou en Théodore[1].

SOCRATE

XLIV. — Peut-être ; mais laissons-les de côté, et dis-moi, toi, dans les tribunaux, que font les parties adverses ? Elles parlent contradictoirement, n'est-ce pas ? ou bien que dirons-nous qu'elles font ?

PHÈDRE

C'est cela même.

SOCRATE

Sur le juste et l'injuste ?

1. Socrate assimile les orateurs aux héros de la guerre de Troie. Gorgias, sophiste très populaire, fait l'objet d'un discours (le *Gorgias*) où Socrate oppose rhétorique et philosophie. Thrasymaque est un autre sophiste, maître de rhétorique, il apparaît d'ailleurs au début de *La République*.

PHÈDRE

Oui.

SOCRATE

N'est-il pas vrai que celui qui fait cela avec art fera paraître la même chose aux mêmes personnes, tantôt juste, tantôt injuste, à son gré ?

PHÈDRE

Sans doute.

SOCRATE

Et s'il parle au peuple, il lui fera paraître les mêmes choses tantôt bonnes, tantôt mauvaises ?

PHÈDRE

C'est vrai.

SOCRATE

Ne savons-nous pas que le Palamède d'Élée[1] parlait avec tant d'art qu'il faisait paraître à ses auditeurs les mêmes choses semblables ou dissemblables, unes ou multiples, en repos ou en mouvement ?

PHÈDRE

Si.

1. Palamède, autre guerrier grec. Socrate fait ici allusion à Zénon d'Élée, disciple de Parménide, célèbre pour sa théorie du mouvement illustrée par des « paradoxes » (paradoxe de la flèche, paradoxe d'Achille et la tortue).

SOCRATE

Ce n'est donc pas seulement dans les tribunaux et à l'assemblée du peuple que s'applique l'art de la controverse ; mais il y a, semble-t-il, un art unique qui s'applique à tout ce qu'on dit ; et cet art, s'il existe réellement, rend capable d'assimiler tout à tout dans tous les cas et aux yeux de toutes les personnes possibles, et, lorsqu'un autre en fait autant, de faire éclater aux yeux sa supercherie.

PHÈDRE

Que veux-tu dire par là ?

SOCRATE

Suis mon raisonnement, je crois qu'il éclaircira la question. Est-il plus facile de faire illusion dans les choses très différentes ou dans les choses peu différentes ?

PHÈDRE

Dans les choses peu différentes.

SOCRATE

Si tu veux changer de côté sans qu'on s'en aperçoive, n'y arriveras-tu pas mieux en te déplaçant à petits pas qu'à grands pas ?

PHÈDRE

Sans contredit.

SOCRATE

Il est donc nécessaire pour tromper les autres sans se laisser tromper soi-même de distinguer exactement la ressemblance et la différence des choses ?

PHÈDRE

C'est indispensable.

SOCRATE

Mais pourra-t-on, si l'on ignore la vraie nature de chaque chose, discerner si la chose qu'on ignore ressemble peu ou beaucoup aux autres ?

PHÈDRE

On ne le pourra pas.

SOCRATE

Donc, lorsqu'on a une opinion contraire à la vérité et qu'on s'est trompé, l'erreur provient évidemment de certaines ressemblances ?

PHÈDRE

C'est cela même.

SOCRATE

Est-il possible qu'on ait l'art de faire passer insensiblement les autres de ressemblance en ressemblance et de les amener dans tous les cas de la vérité à son contraire et d'éviter soi-même une telle erreur, si l'on ignore l'essence de chaque chose ?

PHÈDRE

Jamais.

SOCRATE

Ainsi, mon camarade, l'art des discours, quand on ignore la vérité et qu'on ne s'attache qu'à l'opinion, n'est, ce semble, qu'un art ridicule et sans valeur.

PHÈDRE

C'est à croire.

SOCRATE

XLV. — Eh bien, dans le discours de Lysias que tu tiens à la main et dans ceux que j'ai prononcés, veux-tu que nous cherchions quelques exemples de choses qui, selon moi, sont étrangères ou conformes à l'art ?

PHÈDRE

Très volontiers ; car à présent la discussion est en quelque sorte nue, faute d'exemples appropriés.

SOCRATE

C'est vraiment un heureux hasard, semble-t-il, qui nous a fait prononcer deux discours propres à montrer par des exemples comment l'homme qui connaît le vrai fait, en se jouant de la parole, prendre le change à ceux qui l'écoutent. Pour moi, Phèdre, je rapporte cette chance aux dieux de cet endroit ; peut-être aussi ces interprètes des Muses qui chantent sur nos têtes nous ont-elles soufflé cette heureuse inspiration ; car, pour ma part, je suis étranger à tout art oratoire.

PHÈDRE

Je veux bien le croire, puisque tu le dis ; mais explique ce que tu veux dire.

SOCRATE

Eh bien, lis-moi le commencement du discours de Lysias.

PHÈDRE

« Tu connais mes sentiments : j'estime, je te l'ai dit, qu'il est de notre intérêt à tous deux que tu écoutes mes propositions, et je soutiens qu'il n'est pas juste de me refuser ce que je demande par la raison que je ne suis pas ton amant ; car les amants regrettent... »

SOCRATE

Arrête ; il faut expliquer en quoi Lysias est fautif et manque d'art, n'est-il pas vrai ?

PHÈDRE

Si.

SOCRATE

XLVI. — N'est-il pas évident pour tout le monde que, sur les matières comme celles que nous débattons, nous sommes tantôt d'accord, tantôt en désaccord ?

PHÈDRE

Je crois te comprendre ; cependant explique-toi plus clairement.

SOCRATE

Quand on prononce le mot de fer ou d'argent, n'en avons-nous pas tous la même idée ?

PHÈDRE

Assurément.

SOCRATE

Mais si l'on prononce le mot de juste ou de bon, les avis ne se partagent-ils pas, et ne sommes-nous pas en désaccord les uns avec les autres et avec nous-mêmes ?

PHÈDRE

C'est vrai.

SOCRATE

Il y a donc des choses où nous sommes d'accord, d'autres où nous ne le sommes pas ?

PHÈDRE

Oui.

SOCRATE

Maintenant, de quel côté est-on le plus facile à tromper et dans quels sujets la rhétorique a-t-elle le plus de pouvoir ?

PHÈDRE

Évidemment dans ceux où l'opinion est flottante.

SOCRATE

Il faut donc, pour aborder l'art oratoire, distinguer d'abord méthodiquement ces sujets et saisir le caractère des deux espèces, celle où l'opinion de la foule est forcément flottante, et celle où elle ne l'est pas ?

PHÈDRE

Il est certain, Socrate, que saisir ce caractère serait une observation précieuse.

SOCRATE

Il faut ensuite, selon moi, en abordant un sujet, ne pas s'y jeter à l'aveugle, mais distinguer nettement à laquelle des deux espèces il appartient.

PHÈDRE

Sans doute.

SOCRATE

Et l'amour ? Le rangerons-nous parmi les matières à dispute, ou non ?

PHÈDRE

Sans nul doute, parmi les matières à dispute. Autrement penses-tu que tu aurais pu en dire ce que tu en as dit tout à l'heure, qu'il était un mal pour l'aimé et pour l'amant, puis, au rebours, qu'il était le plus grand des biens ?

SOCRATE

À merveille ; mais réponds encore à cette question ; car l'enthousiasme où j'étais a troublé la netteté de mes souvenirs : est-ce que j'ai défini l'amour en commençant mon discours ?

PHÈDRE

Oui, par Zeus, et merveilleusement.

SOCRATE

Oh ! oh ! c'est dire que les nymphes de l'Achéloüs et Pan, fils d'Hermès, sont bien supérieurs à Lysias, fils de Céphale, dans l'art des discours. Ou bien me trompé-je, et Lysias, en commençant à parler de l'amour, nous en a-t-il fait accepter la définition qu'il voulait, et y a-t-il rapporté toute la suite et la conclusion du discours qu'il a composé ? Veux-tu que nous en relisions le début ?

PHÈDRE

Si tu veux ; mais tu n'y trouveras pas ce que tu cherches.

SOCRATE

Lis, je désire entendre l'auteur lui-même.

PHÈDRE

XLVII. — « Tu connais mes sentiments : j'estime, je te l'ai dit, qu'il est de notre intérêt à tous deux que tu écoutes mes propositions, et je soutiens qu'il n'est pas juste de me refuser ce que je demande par la raison que je ne suis pas ton amant ; car les amants regrettent le bien qu'ils ont fait, quand leur désir est éteint. »

SOCRATE

L'auteur est loin, ce me semble, de faire ce que nous demandons, puisqu'il part, non du commencement, mais de la fin, comme s'il remontait le courant du discours en nageant sur le dos et qu'il débute par où finirait un amant parlant à son bien-aimé. Me trompé-je, Phèdre, mignonne tête ?

PHÈDRE

C'est en effet la fin, Socrate, ce qu'il dit ici.

SOCRATE

Et le reste ? Ne trouves-tu pas que toutes les idées du discours ont été jetées pêle-mêle ; te paraît-il que le second point doive être placé à la seconde place, plutôt que tel autre point ? Il m'a semblé à moi, dans mon ignorance, que l'auteur avait bravement couché sur le papier au fur et à mesure tout ce qui se présentait à son esprit. Distingues-tu, toi, quelque nécessité de composition qui lui ait fait aligner ses idées dans cet ordre ?

PHÈDRE

Tu es bien bon de me supposer capable de pénétrer si exactement les secrets d'un tel écrivain.

SOCRATE

Eh bien, tu avoueras du moins, je pense, qu'un discours doit être constitué comme un être vivant, avec un corps qui lui soit propre, une tête et des pieds, un milieu et des extrémités, toutes parties bien proportionnées entre elles et avec l'ensemble.

PHÈDRE

Sans doute.

SOCRATE

Examine donc le discours de ton ami, et vois s'il est composé de cette manière ou s'il ne l'est pas. Tu trouveras qu'il ressemble exactement à l'épitaphe qui fut, dit-on, gravée sur la tombe de Midas, roi de Phrygie.

PHÈDRE

Quelle est cette épitaphe, et qu'a-t-elle de particulier ?

SOCRATE

La voici :

Je suis une vierge d'airain ; je suis couchée sur le tombeau de Midas.

Tant que l'eau coulera et que les grands arbres verdiront,

Fixée ainsi sur ce tombeau arrosé de larmes,

J'annoncerai aux passants que Midas a été enseveli dans ce lieu.

On peut indifféremment placer n'importe quel vers à la première ou à la dernière place, tu le vois bien, n'est-ce pas ?

PHÈDRE

Tu te moques de notre discours, Socrate.

SOCRATE

XLVIII. — Laissons-le donc, pour ne pas te fâcher, bien qu'il contienne à mon avis beaucoup d'exemples qu'il y aurait profit à étudier, pour éviter avec soin de les imiter, et passons aux autres discours. Il s'y trouvait, je crois, une chose qu'il convient de considérer, si l'on veut se rendre compte de l'art de discourir.

PHÈDRE

Que veux-tu dire par là ?

SOCRATE

Ces discours étaient contradictoires ; car l'un soutenait qu'il faut accorder ses faveurs à l'amant, et l'autre au prétendant sans amour.

PHÈDRE

Et ils le soutenaient avec force.

SOCRATE

Je croyais que tu allais dire le mot juste : d'une manière délirante. C'est justement ce que je cherchais, car nous avons dit que l'amour est une sorte de délire, n'est-ce pas ?

PHÈDRE

Oui.

SOCRATE

Et qu'il y a deux genres de délire : l'un, causé par des maladies humaines, l'autre par une impulsion divine qui nous jette hors de nos habitudes régulières.

PHÈDRE

C'est vrai.

SOCRATE

Et dans le délire divin nous avons distingué quatre espèces relevant de quatre dieux ; nous avons rapporté l'inspiration des prophètes à Apollon, celle des initiés à Dionysos, celle des poètes aux Muses, enfin celle des amants à Aphrodite et à Éros ; c'est la dernière que nous avons déclarée la meilleure. Et je ne sais comment, tandis que nous tracions l'image de la passion amoureuse, touchant peut-être à la vérité, peut-être aussi nous fourvoyant loin d'elle, et composant de cette manière un discours assez persuasif, nous avons fait, en nous jouant avec décence et piété, une sorte d'hymne mythique en l'honneur de ton maître et du mien, Phèdre, en l'honneur d'Éros qui veille sur les beaux jeunes gens.

PHÈDRE

Pour ma part, j'ai eu beaucoup de plaisir à l'entendre.

SOCRATE

XLIX. — Tirons-en donc un enseignement et voyons par quel chemin le discours a passé du blâme à l'éloge.

PHÈDRE

Comment cela ?

SOCRATE

À mon avis, tout le reste n'est en vérité que jeu ; mais, dans ces développements où le hasard nous a guidés, il y a deux procédés dont il serait intéressant d'étudier méthodiquement la vertu.

PHÈDRE

Lesquels ?

SOCRATE

C'est d'abord d'embrasser d'une seule vue et de ramener à une seule idée les notions éparses de côté et d'autre, afin d'éclaircir par la définition le sujet qu'on veut traiter. C'est ainsi que tout à l'heure nous avons défini l'amour ; notre définition a pu être bonne ou mauvaise ; en tout cas, elle nous a permis de rendre notre discours clair et cohérent.

PHÈDRE

Mais le second procédé, Socrate, quel est-il ?

SOCRATE

Il consiste à diviser à nouveau l'idée en ses éléments, suivant ses articulations naturelles, en tâchant de n'y rien tronquer, comme ferait un boucher maladroit. C'est ce que nous avons fait dans les discours de tout à l'heure. Nous avons ramené le délire à une idée générale commune ; puis, comme dans un seul corps il y a des couples de membres qui ont le même nom, ceux de gauche et ceux de droite, ainsi nos deux discours ont considéré d'abord le délire comme un genre unique, puis l'un, s'attaquant au côté gauche, l'a divisé et subdivisé sans s'arrêter, jusqu'à ce qu'il ait rencontré une sorte d'amour de gauche auquel il a dit justement son fait ; l'autre, nous conduisant sur la droite du délire, y a trouvé un amour du même nom que le premier, mais d'origine divine, qu'il a mis en lumière et loué comme l'auteur des plus grands biens pour l'humanité.

PHÈDRE

C'est très exact.

SOCRATE

L. — Voilà, Phèdre, de quoi je suis amoureux, moi : c'est des divisions et des synthèses ; j'y vois le moyen d'apprendre à parler et à penser. Et si je trouve quelque autre capable de voir les choses dans leur unité et leur multiplicité, *voilà l'homme que je suis à la trace, comme un dieu.* Ceux qui en sont capables, Dieu sait si j'ai tort ou raison de leur appliquer ce nom, mais enfin jusqu'ici je les appelle dialecticiens. Mais pour ceux qui ont étudié près de toi ou de Lysias, dis-moi, quel nom dois-je leur donner ? Serait-ce là cet art de la parole grâce auquel Thrasymaque et les autres sont devenus habiles à parler, et communiquent cette habileté à ceux qui veulent bien leur apporter des présents, comme à des rois ?

PHÈDRE

Ces hommes sont vraiment rois ; mais ils ignorent l'art dont tu parles. Au reste, tu as raison, je crois, de l'appeler dialectique ; mais il me semble que nous n'avons pas encore abordé la rhétorique.

SOCRATE

Comment dis-tu ? Y aurait-il en dehors de la dialectique quelque beau procédé que l'art peut s'approprier ? Gardons-nous bien, toi et moi, de le dédaigner, et disons en quoi consiste cette autre partie de la rhétorique.

PHÈDRE

Il y a beaucoup à dire, Socrate, s'il faut rapporter ce qui est dans les livres de rhétorique.

SOCRATE

LI. — Tu fais bien de m'y faire penser. D'abord, il faut, je crois, qu'un exorde soit placé au commencement du discours. Ce sont ces sortes de choses, n'est-ce pas, que tu appelles les finesses de l'art ?

PHÈDRE

Oui.

SOCRATE

La seconde place est pour la narration, suivie des dépositions de témoins, la troisième pour les preuves, la quatrième pour les présomptions. On parle aussi de confirmation et de surconfirmation : c'est, je crois, l'habile artisan de discours qui nous vient de Byzance.

PHÈDRE

Tu veux parler de l'habile Théodore ?

SOCRATE

Sans doute. Il enseigne aussi ce que doit être la réfutation et la post-réfutation dans l'attaque et dans la défense. Donnons audience aussi à l'éminent Événos de Paros, l'inventeur de l'insinuation et des louanges détournées ; on dit qu'il a mis en vers la doctrine des blâmes indirects pour aider la mémoire : c'est un habile homme. Laisserons-nous dormir Tisias[1] et Gorgias, eux qui ont découvert que le vraisemblable est bien supérieur au vrai, qui, par la force de leur parole, font paraître grand ce qui est petit et petit ce qui est grand, qui donnent aux choses nouvelles un air d'antiquité, aux choses antiques un air de nouveauté, et qui ont inventé les discours condensés ou amplifiés à l'infini sur n'importe quel sujet. Un jour que j'en parlais à Prodicos[2], il se mit à rire et déclara que lui seul avait trouvé la méthode exigée par l'art des discours et que ce n'était ni la prolixité, ni la concision, mais la juste mesure.

PHÈDRE

C'était sagement parler, Prodicos.

SOCRATE

Ne dirons-nous rien d'Hippias[3] ? Je pense que l'étranger d'Élis serait aussi de l'avis de Prodicos.

PHÈDRE

Assurément.

1. Tisias est un sophiste venu à Athènes avec Gorgias et dont Lysias suivit les enseignements.
2. Prodicos : autre sophiste grec.
3. Hippias : autre sophiste grec.

SOCRATE

Que dirons-nous des doctes officines d'expressions de Polos, du savant emploi qu'il fait des expressions redoublées, des sentences, des figures, des mots à la Licymnios, présents que ce maître lui fit pour fabriquer de l'élégance ?

PHÈDRE

Les procédés de Protagoras[1], Socrate, n'étaient-ils pas du même genre ?

SOCRATE

C'était une certaine propriété des termes, mon enfant, avec beaucoup d'autres belles choses. Pour apitoyer par des lamentations sur la vieillesse et la pauvreté, l'art du puissant rhéteur de Chalcédoine me paraît sans rival. Il est également capable de soulever les foules et d'apaiser leur colère par ses chants magiques, comme il disait, et il excelle à inventer et à détruire des calomnies, quel qu'en soit le motif. Quant à la fin du discours, il semble y avoir un accord unanime, qu'on l'appelle récapitulation ou qu'on lui donne un autre nom.

PHÈDRE

Tu veux parler du résumé final où l'on rappelle aux auditeurs ce qui a été dit.

SOCRATE

C'est cela. Vois-tu d'autres choses à dire sur l'art du discours ?

1. Protagoras (485-411 av. J.-C.) : sophiste grec. Célèbre professeur, pour qui « l'homme est la mesure de toutes choses », ce qui évidemment s'oppose aux Idées platoniciennes.

PHÈDRE

Je ne vois que des choses insignifiantes et qui ne valent pas la peine d'en parler.

SOCRATE

Si elles sont insignifiantes, laissons-les de côté, et faisons voir sous un plus grand jour quelle est la puissance de l'art, et où elle se manifeste.

PHÈDRE

Cette puissance est immense, Socrate, du moins dans les assemblées populaires.

SOCRATE

Elle l'est en effet ; mais examine, toi aussi, cher ami, si tu ne trouveras pas comme moi que la trame de leur art est bien lâche.

PHÈDRE

Explique-toi seulement.

SOCRATE

LII. — Dis-moi donc, si quelqu'un venait trouver ton ami Éryximaque ou son père Acoumène, et leur disait : « Je sais par l'emploi de certaines drogues échauffer ou refroidir à mon gré le corps, faire, si bon me semble, vomir ou évacuer par le bas, et produire quantité d'autres effets du même genre, et je prétends de ce chef être médecin et faire un médecin de tout homme à qui je transmettrai ces connaissances », que penses-tu qu'ils répondraient à ces prétentions ?

PHÈDRE

Ils lui demanderaient à coup sûr s'il sait encore à qui et quand il faut appliquer chaque traitement, et à quelle dose.

SOCRATE

Et s'il répliquait : « Je n'en sais absolument rien ; mais je prétends qu'un homme qui aura reçu mes leçons sera lui-même capable de faire ce que vous demandez » ?

PHÈDRE

Ils répondraient, je pense : « Cet homme est fou ; pour avoir appris dans quelque livre ou mis la main par hasard sur quelques petits remèdes, il s'imagine être médecin, bien qu'il n'entende rien à cet art. »

SOCRATE

Et si quelqu'un venait trouver Sophocle et Euripide et leur disait qu'il sait composer des tirades sans fin sur de petits sujets et traiter succinctement les grands sujets, manier à son gré la pitié ou, au contraire, la terreur et la menace et tous les sentiments du même genre, et qu'en enseignant cela il prétend enseigner la manière de faire une tragédie ?

PHÈDRE

M'est avis, Socrate, qu'ils lui riraient au nez s'il s'imaginait que la tragédie n'est pas avant tout une composition harmonieuse où tous ces éléments s'accordent entre eux et avec l'ensemble.

SOCRATE

Mais ils se garderaient sans doute de le rudoyer grossièrement. Ils le traiteraient comme le ferait un musicien qui aurait rencontré un homme qui se figure savoir l'harmonie parce qu'il sait la manière de hausser ou de baisser le ton d'une corde : il ne lui dirait pas brutalement : « Pauvre homme, tu es hypocondre », mais il lui dirait, avec la douceur propre au musicien : « Mon très cher, il faut savoir ce que tu sais, si l'on veut être harmoniste ; mais on peut fort bien, au point où tu en es, ignorer totalement l'harmonie ; tu possèdes les notions indispensables pour aborder l'harmonie, mais l'harmonie, non pas. »

PHÈDRE

Rien de plus juste.

SOCRATE

De même Sophocle répondrait à son vantard qu'il connaît les notions préliminaires de l'art tragique, mais non l'art tragique, et Acoumène répondrait au sien qu'il connaît les notions préliminaires de la médecine, mais non la médecine.

PHÈDRE

Assurément.

SOCRATE

LIII. — Et si Adraste[1] à la voix de miel ou Périclès[2] avaient entendu ce que nous venons de dire de ces beaux artifices, du style concis et figuré et des autres procédés que nous devions, disions-nous, examiner au grand jour, est-il à croire que, comme toi et moi, ils répondraient par un mot brutal et malhonnête à ceux qui ont écrit de ces artifices et qui les enseignent comme étant l'art oratoire ? Ou, plus sages que nous, n'est-ce pas nous-mêmes qu'ils reprendraient ? Ô Phèdre, ô Socrate, diraient-ils, au lieu de vous fâcher, pardonnez plutôt à ceux qui, ne connaissant pas la dialectique, ont été impuissants à définir l'art oratoire. Dans leur ignorance, ils ont cru, parce qu'ils étaient en possession

1. Adraste : dans la mythologie, roi de la cité d'Argos.
2. Périclès : homme politique athénien (495-429 av. J.-C.), grand artisan de la puissance d'Athènes au Ve siècle av. J.-C.

des préliminaires indispensables de l'art, avoir trouvé l'art de la parole, et, en enseignant ces préceptes à leurs disciples, ils pensent avoir parfaitement enseigné la rhétorique. Mais quant à l'art de disposer chacun de ces moyens en vue de la persuasion et d'ordonner le tout, ils l'ont tenu pour négligeable et ont cru que leurs disciples devaient le trouver tout seuls en composant leurs discours.

PHÈDRE

J'ai peur, Socrate, que l'art que ces maîtres donnent pour l'art oratoire dans leurs leçons et dans leurs écrits ne se borne à ce que tu dis, et je crois bien que tu as touché juste. Mais le véritable art de parler et de persuader, comment et où peut-on l'acquérir ?

SOCRATE

La perfection dans les luttes oratoires, Phèdre, est vraisemblablement, peut-être même nécessairement, soumise aux mêmes conditions que dans les autres arts. Si la nature t'a doué du don de la parole, tu deviendras un orateur illustre, en y ajoutant la science et l'exercice ; mais s'il te manque une de ces choses, tu seras par là même imparfait. Pour ce qui est de l'art, ce n'est pas sur les traces de Lysias et de Thrasymaque qu'il faut marcher pour le chercher.

PHÈDRE

Quel chemin faut-il donc prendre ?

SOCRATE

Il y a, mon bon ami, des raisons de croire que de tous les orateurs Périclès a été le plus consommé dans son art.

PHÈDRE

Comment ?

SOCRATE

LIV. — C'est que tous les grands arts ne peuvent pas se passer de « ce bavardage et de ces spéculations de haut vol sur la nature » ; car c'est de là que semblent bien venir la hauteur de l'esprit et la facilité à mener à bien toutes ses entreprises : ce sont ces qualités que Périclès ajouta à ses dons naturels ; ayant trouvé dans Anaxagore l'homme de ces hautes spéculations, il en nourrit son esprit, pénétra la nature de ce qui est intelligent et de ce qui ne l'est pas, sujet qu'Anaxagore a si souvent traité, et il tira de là pour l'art oratoire ce qui s'y rapportait.

PHÈDRE

Que veux-tu dire par là ?

SOCRATE

Il en est sans doute de la rhétorique comme de la médecine.

PHÈDRE

Comment ?

SOCRATE

Dans l'une et dans l'autre il faut analyser la nature, dans l'une la nature du corps, dans l'autre celle de l'âme, si, au lieu de se contenter de la routine et de l'expérience, on veut recourir à l'art, pour procurer au corps par les remèdes et la nourriture la santé et la force, et pour faire naître dans l'âme, par des discours et un entraînement vers la justice, la conviction qu'on veut y produire et la vertu.

PHÈDRE

Ce que tu dis, Socrate, est vraisemblable.

SOCRATE

Mais crois-tu qu'on puisse connaître suffisamment la nature de l'âme sans connaître la nature universelle ?

PHÈDRE

S'il faut en croire Hippocrate, descendant d'Asclépios[1], on ne peut pas même connaître la nature du corps sans ce moyen.

SOCRATE

Hippocrate a raison, mon camarade ; mais, outre Hippocrate, il faut encore consulter la raison et voir si elle est d'accord avec lui.

PHÈDRE

J'en conviens.

SOCRATE

LV. — Examine donc ce que disent sur la nature Hippocrate et la droite raison. Pour étudier la nature d'une chose, quelle qu'elle soit, ne faut-il pas s'y prendre de cette manière, c'est-à-dire se demander d'abord si la chose qu'on veut connaître méthodiquement et qu'on veut être capable d'enseigner aux autres est simple ou multiple ; puis, si elle est simple, examiner ses propriétés, comment et sur quoi elle agit, comment et par quoi elle est affectée ; si, au contraire, elle comporte plusieurs

1. Asclépios : dieu grec de la Médecine, fils d'Apollon. Son emblème est le caducée. Hippocrate, probablement le fils d'un prêtre du culte d'Asclépios, est contemporain de Socrate.

espèces, les dénombrer et faire sur chacune le travail qu'on a fait sur la chose simple, voir en quoi et comment elle agit, en quoi et par quoi elle est affectée ?

PHÈDRE

Apparemment, Socrate.

SOCRATE

En tout cas procéder autrement, c'est marcher à l'aveugle ; mais ce n'est pas le fait d'un aveugle ni d'un sourd que de traiter avec art une chose quelconque. Il est au contraire évident que, si l'on enseigne à discourir avec art, on fera voir exactement ce qu'est la nature de l'objet auquel le disciple doit rapporter ses discours, et cet objet, c'est l'âme.

PHÈDRE

Sans nul doute.

SOCRATE

N'est-ce pas vers cet objet que tend tout son effort ? Il s'agit en effet d'y porter la persuasion, n'est-ce pas ?

PHÈDRE

Oui.

SOCRATE

Il est donc évident que Thrasymaque et tout autre qui veut enseigner sérieusement l'art oratoire devra d'abord décrire l'âme avec toute l'exactitude possible et montrer si, de sa nature, elle est une et identique, ou multiple comme le corps ; car c'est cela que nous appelons montrer la nature des choses.

PHÈDRE

Parfaitement.

SOCRATE

En second lieu, il décrira comment et sur quoi elle agit, comment et par quoi elle est affectée.

PHÈDRE

Sans doute.

SOCRATE

En troisième lieu, ayant classé les espèces de discours et d'âmes, et les affections de l'âme, il en passera en revue les causes, il appropriera chaque chose à celle qui lui correspond, et enseignera quels discours et quelles causes produiront nécessairement la persuasion dans telle âme, et resteront sans effet sur telle autre.

PHÈDRE

On ne saurait mieux s'y prendre, à mon avis.

SOCRATE

Toute autre méthode d'explication ou d'exposition, soit orale, soit écrite, ne sera jamais la méthode de l'art, ni dans la matière qui nous occupe, ni dans aucune autre. Mais ceux qui ont de notre temps écrit des traités de rhétorique et que tu as entendus parler sont des fourbes qui dissimulent leur parfaite connaissance de l'âme. Aussi tant qu'ils ne parleront pas et n'écriront pas de la manière que j'entends, gardons-nous de croire qu'ils écrivent avec art.

PHÈDRE

Quelle manière entends-tu ?

SOCRATE

En parler dans les termes propres n'est pas chose facile. Cependant je veux bien te montrer, dans la mesure où j'en suis capable, comment il faut écrire pour écrire avec art.

PHÈDRE

Parle donc.

SOCRATE

LVI. — Puisque le propre du discours est de conduire les âmes, pour être un habile orateur, il faut savoir combien il y a d'espèces d'âmes ; or, il y en a un certain nombre, avec telles et telles qualités ; il y a par suite aussi tels et tels hommes. À ces distinctions correspondent respectivement autant d'espèces de discours, et c'est ainsi qu'il est facile de persuader tels hommes de telles choses par tels discours et par telle cause, tandis que tels autres résistent aux mêmes moyens de persuasion. Quand on s'est bien mis dans la tête ces distinctions, il faut en observer les effets dans la vie pratique et pouvoir les suivre vivement par la pensée ; autrement, on n'est pas plus avancé que lorsque l'on était encore à l'école de ses maîtres. Mais lorsqu'on est à même de juger par quels discours tel homme peut être persuadé et qu'on peut, à la vue d'un individu, le pénétrer et se dire : Voilà l'homme, voilà le caractère dont on m'a fait leçon jadis ; il est là devant moi, et il faut lui appliquer des discours de telle sorte pour lui persuader telle chose ; quand on est maître de tous ces moyens, qu'on sait en outre discerner les occasions de parler ou de se taire, d'être concis, émouvant, véhément, et s'il est à propos ou mal à propos de recourir à telle espèce de discours, apprise à l'école, alors on aura atteint la pleine perfection de l'art ; auparavant, non pas. Mais si, soit en parlant, soit en enseignant, soit en écrivant, l'on manque à remplir quelqu'une de ces conditions, on aura beau prétendre parler avec art : on ne sera pas cru, et ce sera justice. Mais quoi ? dira peut-être notre auteur, pensez-vous, toi, Phèdre, et toi, Socrate, qu'il faille donner son suffrage à cette façon d'enseigner l'art oratoire ou le réserver à quelque autre ?

PHÈDRE

Il est impossible, Socrate, d'en adopter une autre, bien que ce soit, semble-t-il, une rude tâche.

SOCRATE

C'est vrai ; aussi faut-il mettre sens dessus dessous tous les traités pour voir si nous ne découvririons pas une route plus facile et plus courte qui nous mène à l'art ; ce serait sottise de nous engager dans les détours d'une route longue et âpre, quand nous pouvons en prendre une courte et unie. Mais si tu peux trouver de quoi nous aider dans les leçons que tu as entendu faire à Lysias ou à quelque autre, essaye de t'en souvenir et de me le rapporter.

PHÈDRE

Essayer, je le puis ; mais y réussir instantanément, c'est autre chose.

SOCRATE

Veux-tu que je te rapporte, moi, certain discours que j'ai entendu tenir à des gens versés dans ces matières ?

PHÈDRE

Certainement.

SOCRATE

On dit, Phèdre, qu'il est juste de plaider même la cause du loup.

PHÈDRE

Eh bien, fais-le, toi aussi.

SOCRATE

LVII. — Ils disent donc qu'il ne faut pas attacher tant d'importance à notre méthode ni remonter si haut par tant de détours ; car il est bien certain, comme nous l'avons dit au début de cet entretien, qu'il n'est pas nécessaire, pour être bon orateur, de connaître la vérité sur la justice et la bonté des choses et des hommes et de savoir si ces qualités sont naturelles ou acquises. Dans les tribunaux en effet on ne s'inquiète pas le moins du monde de dire la vérité, mais de persuader, et la persuasion relève de la vraisemblance : c'est à la vraisemblance que l'on doit s'appliquer, si l'on veut parler avec art. Il y a même des cas où il faut se garder d'exposer les faits comme ils se sont passés : c'est quand ils sont contraires à la vraisemblance ; il faut alors les réduire au vraisemblable, aussi bien dans la défense que dans l'attaque. Enfin, en général, l'orateur doit s'attacher au vraisemblable et envoyer promener le vrai. La vraisemblance, soutenue d'un bout à l'autre du discours, voilà ce qui constitue tout l'art oratoire.

PHÈDRE

C'est bien cela, Socrate : tu as rapporté exactement ce que disent ceux qui se donnent pour les maîtres de l'art oratoire. Je me rappelle en effet que nous avons brièvement touché ce point, et qu'il est de première importance pour ceux qui s'occupent de ces matières.

SOCRATE

Mais à coup sûr, tu as pratiqué Tisias lui-même avec une attention minutieuse. Que Tisias nous dise donc encore si par le vraisemblable il entend autre chose que ce qui semble vrai à la multitude.

PHÈDRE

Pourrait-il entendre autre chose ?

SOCRATE

Ayant découvert, semble-t-il, cette ingénieuse règle de l'art, il a écrit que, si un homme faible et courageux est traduit en justice pour avoir battu un homme fort et lâche et pour lui avoir enlevé son manteau ou quelque autre objet, ni l'un ni l'autre ne doit dire la vérité ; mais que le lâche doit affirmer que le brave n'était pas seul à le battre, et le brave essayer de prouver qu'ils étaient tous deux seuls et recourir à un argument comme celui-ci : Comment moi si faible, aurais-je attaqué un homme si fort ? De son côté, l'autre, loin d'avouer sa lâcheté, essayera quelque autre mensonge qui peut-être fournira à son adversaire l'occasion de le confondre. Tout le reste est du même acabit, et voilà ce qu'ils appellent parler avec art. N'est-ce pas vrai, Phèdre ?

PHÈDRE

Si.

SOCRATE

Ah ! c'est, paraît-il, un art merveilleusement caché qu'a découvert Tisias, ou un autre, quel qu'il puisse être et quel que soit le nom qu'il se pique de porter. Mais, mon camarade, ne dirons-nous pas à cet homme…

PHÈDRE

Quoi ?

SOCRATE

LVIII. — Ceci : Bien avant ton entrée en scène, Tisias, nous disions justement que cette vraisemblance s'impose à la foule précisément par sa ressemblance à la vérité, et nous faisions voir tout à l'heure que c'est quand on possède la vérité qu'on sait le mieux découvrir ces ressemblances en toutes circonstances. Si donc tu as quelque autre chose à dire sur l'art oratoire, nous t'écouterons volontiers ; sinon, nous nous en tiendrons aux principes que nous avons posés, que, si l'on n'a pas fait un dénombrement exact des caractères des auditeurs, si l'on n'a pas divisé les choses en espèces, et si l'on n'est pas capable de ramener chaque idée particulière à une idée générale, on n'atteindra jamais la perfection de l'art oratoire, dans la mesure où elle est accessible à l'homme. Mais cette perfection, on ne saurait l'acquérir sans un immense labeur, et, si le sage en assume la peine, ce ne sera pas pour parler aux hommes et traiter avec eux, mais pour se mettre en état, autant qu'il dépend de lui, de plaire aux dieux par ses paroles, et de leur plaire en toute sa conduite ; car un homme de sens ne doit pas, Tisias, c'est l'opinion de gens plus sages que nous, s'étudier à plaire à ses compagnons d'esclavage, sinon en passant, mais à de bons et nobles maîtres. Aussi tu ne dois pas t'étonner si le circuit est long ; au rebours de ce que tu crois, c'est en vue d'un but sublime qu'il faut faire ces détours. D'ailleurs, comme notre discussion l'a fait voir, c'est de cette manière qu'on atteindra le mieux, si on le veut, le but que tu proposes.

PHÈDRE

C'est parfait, Socrate, à condition qu'on puisse atteindre ce but.

SOCRATE

Quand on poursuit les belles choses, il est beau d'affronter toutes les souffrances possibles.

PHÈDRE

Certainement.

SOCRATE

En voilà assez sur l'art et le défaut d'art des discours.

PHÈDRE

Soit.

SOCRATE

Il nous reste à examiner la convenance ou l'inconvenance qu'il peut y avoir à écrire, et la manière de le faire suivant ou contre la décence, n'est-ce pas ?

PHÈDRE

Oui.

SOCRATE

LIX. — Sais-tu à propos des discours quelle est la manière de faire ou de parler qui est la plus agréable aux dieux ?

PHÈDRE

Pas du tout, et toi ?

SOCRATE

Je puis te rapporter une tradition des anciens : les anciens connaissent la vérité. Si nous pouvions la trouver par nous-mêmes, est-ce que nous nous préoccuperions encore des opinions des hommes ?

PHÈDRE

Plaisante question ! Mais rapporte ta tradition.

SOCRATE

J'ai donc ouï dire qu'il y avait près de Naucratis en Égypte un des anciens dieux de ce pays à qui les Égyptiens ont dédié l'oiseau qu'ils appellent ibis ; ce démon porte le nom de Theuth ; c'est lui qui inventa la numération et le calcul, la géométrie et l'astronomie, le trictrac et les dés et enfin l'écriture. Thamous régnait alors sur toute la contrée, dans la grande ville de la Haute-Égypte que les Grecs nomment Thèbes l'Égyptienne, comme ils appellent Ammon le dieu-roi Thamous. Theuth vint trouver le roi ; il lui montra les arts qu'il avait inventés et lui dit qu'il fallait les répandre parmi les Égyptiens. Le roi demanda à quel usage chacun pouvait servir ; le dieu le lui expliqua et, selon qu'il lui paraissait avoir tort ou raison, le roi le blâmait ou le louait. On dit que Thamous fit à Theuth beaucoup d'observations pour ou contre chaque art. Il serait trop long de les relever. Mais quand on en vint à l'écriture : « L'enseignement de l'écriture, ô roi, dit Theuth, accroîtra la science et la mémoire des Égyptiens ; car j'ai trouvé là le remède de l'oubli et de l'ignorance. » Le roi répondit : « Ingénieux Theuth, tel est capable de créer les arts, tel autre de juger dans quelle mesure ils porteront tort ou profit à ceux qui doivent les mettre en usage : c'est ainsi que toi, père de l'écriture, tu lui attribues bénévolement une efficacité contraire à celle dont elle est capable ; car elle produira l'oubli dans les âmes en leur faisant négliger la mémoire : confiants dans l'écriture, c'est du dehors, par des caractères étrangers, et non plus du dedans, du fond d'eux-mêmes qu'ils chercheront à susciter leurs souvenirs ; tu as trouvé le moyen, non pas de retenir, mais de renouveler le souvenir, et ce que tu vas procurer à tes disciples, c'est la présomption qu'ils ont la science, non la science elle-même ; car, quand ils auront beaucoup lu sans apprendre, ils se croiront très savants, et ils ne seront le plus souvent que des ignorants de commerce incommode, parce qu'ils se croiront savants sans l'être. »

PHÈDRE

Il t'en coûte peu, Socrate, à faire des discours égyptiens ; tu en ferais, si tu voulais, de n'importe quel pays du monde.

SOCRATE

Mon ami, les prêtres du temple de Zeus à Dodone ont affirmé que c'est d'un chêne que sortirent les premières divinations. Les gens de ce temps-là, qui n'étaient pas savants comme vous, jeunes gens, écoutaient fort bien dans leur simplicité un chêne ou une pierre, si le chêne ou la pierre disaient la vérité ; mais toi, tu veux savoir sans doute le nom de l'orateur et son pays d'origine, et tu ne te contentes pas de savoir si ce qu'il dit est vrai ou faux.

PHÈDRE

Tu as raison de me reprendre, et je me range sur l'écriture à l'avis du Thébain.

SOCRATE

LX. — Ainsi donc celui qui pense laisser après lui un art consigné dans un livre, comme celui qui le recueille dans la pensée qu'il sortira de cette écriture un enseignement clair et durable, fait preuve d'une grande simplicité, et il ignore à coup sûr l'oracle d'Ammon, s'il pense que des discours écrits sont quelque chose de plus qu'un mémento qui rappelle à celui qui les connaît déjà les choses traitées dans le livre.

PHÈDRE

C'est très juste.

SOCRATE

C'est que l'écriture, Phèdre, a un grave inconvénient, tout comme la peinture. Les produits de la peinture sont comme s'ils étaient vivants ; mais pose-leur une question, ils gardent gravement le silence. Il en est de même des discours écrits. On pourrait croire qu'ils parlent en personnes intelligentes, mais demande-leur de t'expliquer ce qu'ils disent, ils ne répondront qu'une chose, toujours la même. Une fois écrit, le discours roule partout et passe indifféremment dans les mains des connaisseurs et dans celles des profanes, et il ne sait pas distinguer à qui il faut, à qui il ne faut pas parler. S'il se voit méprisé ou injurié injustement, il a toujours besoin du secours de son père ; car il n'est pas capable de repousser une attaque et de se défendre lui-même.

PHÈDRE

C'est également très juste.

SOCRATE

Mais si nous considérions un autre genre de discours, frère germain de l'autre, et si nous examinions comment il naît, et combien il est meilleur et plus efficace que lui ?

PHÈDRE

Quel discours ? Et comment naît-il ?

SOCRATE

Celui qui s'écrit avec la science dans l'âme de celui qui étudie, qui est capable de se défendre lui-même, qui sait parler et se taire suivant les personnes.

PHÈDRE

Tu veux parler du discours de celui qui sait, du discours vivant et animé, dont le discours écrit n'est à proprement parler que l'image ?

SOCRATE

LXI. — C'est cela même ; mais, dis-moi, si un laboureur sensé avait des graines auxquelles il tînt et dont il voulût avoir des fruits, irait-il sérieusement les semer en été dans les jardins d'Adonis[1], pour avoir le plaisir de les voir fleurir en huit jours, et, s'il le faisait, ne serait-ce pas en manière d'amusement et à l'occasion d'une fête ? Mais pour celles auxquelles il s'intéresserait sérieusement, ne suivrait-il pas les règles de l'agriculture, semant en terrain convenable, et se contentant de voir ses plantes arriver à maturité huit mois après ?

PHÈDRE

C'est bien ce qu'il ferait, Socrate, soit pour des semailles sérieuses, soit pour des semaines d'agrément comme tu disais.

SOCRATE

Et l'homme qui a la science du juste, du beau et du bien sera-t-il, selon nous, moins sensé que le laboureur dans l'emploi de ses grains ?

PHÈDRE

Non certes.

1. Les fleurs de ces jardins poussaient vite et étaient destinées à décorer le temple d'Adonis, un objectif à court terme, à l'inverse du labeur patient de l'agriculteur, qui doit attendre plusieurs mois pour récolter des fruits.

SOCRATE

Il n'ira donc pas sérieusement écrire ce qu'il sait dans l'eau, il ne le sèmera pas avec l'encre et la plume en des discours incapables de parler pour se défendre eux-mêmes, incapables même d'enseigner suffisamment la vérité ?

PHÈDRE

Ce n'est pas probable.

SOCRATE

Assurément non ; mais ce sera sans doute pour son amusement qu'il sèmera dans les jardins de l'écriture et qu'il écrira, si jamais il écrit. Amassant ainsi un trésor de souvenirs pour lui-même, quand la vieillesse oublieuse sera venue, et pour tous ceux qui marcheront sur ses traces, il prendra plaisir à voir pousser les plantes délicates de ses jardins, et, tandis que les autres rechercheront d'autres divertissements et s'adonneront à des banquets et autres passe-temps du même genre, lui, répudiant ces plaisirs, passera sans doute sa vie dans l'amusement dont je viens de parler.

PHÈDRE

C'est un bien beau passe-temps, Socrate, à côté des mesquines distractions des autres, que celui de l'homme capable de se jouer en des discours et de composer des allégories sur la justice et les autres belles choses dont tu as parlé.

SOCRATE

C'est bien vrai, mon cher Phèdre ; mais il est, à mon avis, une manière bien plus belle encore de s'occuper de ces choses : c'est, quand on a trouvé une âme qui s'y prête, d'y planter et d'y semer avec la science, selon les règles de la dialectique, des discours capables de se défendre eux-mêmes et aussi celui qui les a semés, et qui, au lieu de rester stériles, portent une semence qui donnera naissance en d'autres âmes à d'autres discours, lesquels assureront à la semence toujours renouvelée l'immortalité, et rendront ses dépositaires aussi heureux qu'on peut l'être sur terre.

PHÈDRE

Oui, cette manière est en effet beaucoup plus belle.

SOCRATE

LXII. — Ces principes admis, nous pouvons à présent, Phèdre, nous prononcer sur la question.

PHÈDRE

Laquelle ?

SOCRATE

Celle que nous voulions approfondir et qui nous a conduits au point où nous sommes. Nous voulions examiner si Lysias méritait des reproches pour avoir écrit des discours, et quels sont en général les discours qui relèvent ou ne relèvent pas de l'art. Il me semble que nous avons suffisamment expliqué ce qui est conforme à l'art et ce qui ne l'est pas.

PHÈDRE

C'est ce qu'il m'a semblé aussi ; mais rafraîchis un peu mes souvenirs.

SOCRATE

Tant qu'on ne connaîtra pas la vérité sur chacune des choses dont on parle ou écrit, qu'on ne sera pas capable de définir chaque chose en elle-même, qu'on ne saura pas, après l'avoir définie, la diviser en espèces jusqu'à ce qu'on arrive à l'indivisible ; tant qu'on n'aura pas de même pénétré la nature de l'âme, reconnu l'espèce de discours qui convient à chaque nature, et disposé et ordonné son discours en conséquence, offrant à une âme complexe des discours complexes, ajustés de tout point à ses exigences, et à une âme simple des discours simples, jamais on ne sera capable de manier l'art oratoire aussi parfaitement que le comporte la nature du discours, ni pour enseigner, ni pour persuader, comme nous l'avons fait voir dans tout ce qui précède.

PHÈDRE

C'est absolument ce qui nous a paru.

SOCRATE

LXIII. — Et maintenant, quant à savoir s'il est beau ou honteux de prononcer et d'écrire des discours et dans quel cas l'on a tort ou raison d'en faire un grief à l'auteur, ce que nous avons dit tout à l'heure ne suffit-il pas à montrer…

PHÈDRE

Quoi ?

SOCRATE

Que si Lysias ou tout autre a jamais écrit ou vient à écrire sur une question d'intérêt privé ou public, en faisant des lois et en composant à cette occasion un écrit politique, et s'il pense y avoir mis une grande solidité et une grande clarté, ses écrits ne rapporteront à leur auteur que de la honte, qu'on en convienne ou non ; car son ignorance absolue du juste et de l'injuste, du mal et du bien, est une véritable honte à laquelle il ne saurait échapper, fût-il couvert des applaudissements universels de la multitude.

PHÈDRE

Il ne le saurait en effet.

SOCRATE

Mais celui qui pense qu'un discours écrit, quel qu'en soit le sujet, est nécessairement à beaucoup d'égards un badinage, et que jamais discours en vers ou en prose, écrit ou prononcé, ne mérite qu'on en fasse grand cas, non plus que de ces discours que les rhapsodes récitent pour captiver les auditeurs, sans les admettre à discuter ni les instruire, et qu'en réalité les meilleurs discours ne sont que des mémentos pour ceux qui savent ; qu'au contraire les discours faits pour être étudiés, prononcés pour l'instruction des auditeurs et véritablement écrits dans leur âme, avec le juste, le beau et le bien pour sujet, sont les seuls qui soient clairs, solides et dignes de considération ; qu'il faut regarder de tels discours comme les fils légitimes de leur auteur, d'abord ceux qui vivent en lui et sont le produit de son esprit, puis ceux qui, fils ou frères de ceux-là, sont nés les uns dans telles âmes, les autres dans telles autres, sans démériter, cet homme-là, s'il n'a cure des autres sortes de discours, pourrait bien être celui que toi et moi nous souhaiterions d'être.

PHÈDRE

Pour ma part je le souhaite de tout mon cœur et je le demande aux dieux.

SOCRATE

LXIV. — Finissons : c'est assez nous jouer sur l'art de la parole, et toi, va retrouver Lysias et dis-lui qu'étant descendus tous deux au ruisseau et à la retraite des nymphes nous avons entendu des discours où l'on faisait savoir à Lysias et à tous ceux qui composent des discours, à Homère et à tous ceux qui ont composé des poèmes chantés ou non chantés, et enfin à Solon et à tous les orateurs politiques qui, sous le nom de lois, ont rédigé des écrits, que si, en composant ces ouvrages, ils ont connu la vérité, s'ils peuvent en venir à la discussion et défendre ce qu'ils ont écrit, et si l'orateur en eux est capable de faire pâlir l'auteur, ce n'est point leur activité d'écrivain, mais le souci de la vérité qui leur vaudra leur nom.

PHÈDRE

Quels sont les noms que tu leur donnes ?

SOCRATE

Le nom de sage, Phèdre, me semble bien sublime et ne convient qu'à Dieu ; celui d'ami de la sagesse[1] ou tel autre semblable leur conviendrait mieux et s'accorderait mieux à leur faiblesse.

PHÈDRE

C'est très juste.

SOCRATE

En revanche, celui qui n'a rien en lui de plus précieux que ce qu'il a composé ou écrit à force de temps, en mettant son esprit à la torture, en ajoutant et retranchant pièce à pièce, tu l'appelleras, comme il le mérite, poète, faiseur de discours, rédacteur de lois.

PHÈDRE

Oui.

SOCRATE

Va donc redire cela à ton ami.

1. « Ami de la sagesse » : donc, étymologiquement, *philosophe*.

PHÈDRE

Mais toi, que vas-tu faire ? Car ton ami non plus ne doit pas être oublié.

SOCRATE

Quel ami ?

PHÈDRE

Le bel Isocrate[1] ; que lui diras-tu, Socrate, et quel nom lui donnerons-nous ?

SOCRATE

Isocrate est encore jeune, Phèdre ; cependant je veux te dire ce que j'augure de lui.

PHÈDRE

Voyons.

SOCRATE

Il me semble qu'il est trop bien doué par la nature pour que l'on compare son éloquence à celle de Lysias, et qu'il est aussi fait d'une étoffe plus noble. Aussi je ne m'étonnerais pas si, avec l'âge, dans le genre de discours qu'il cultive à présent, il prenait sur tous ceux qui ont jamais mis la main à un discours plus d'avantage qu'un homme fait n'en a sur un enfant, et, si cet art ne lui suffisait plus, qu'un instinct divin ne le poussât à des œuvres plus hautes ; car il a dans l'esprit l'amour de la

1. Isocrate : orateur athénien (436-338 av. J.-C.), disciple de Gorgias. Préoccupé de questions sociales et politiques, il tient la rhétorique pour supérieure à la philosophie. L'éloge d'Isocrate par Socrate, quelques lignes plus loin, serait donc ironique. Encore plus ironique quand on pense au procédé rhétorique de l'« éloge paradoxal » employé, justement, par le sophiste Gorgias.

sagesse. Voilà ce que je rapporterai de la part des déités de ce lieu à mon bien-aimé Isocrate ; de ton côté, répète à ton cher Lysias ce que nous avons dit.

PHÈDRE

Je le ferai ; mais partons, puisque la chaleur s'est adoucie.

SOCRATE

Il serait bien de faire une prière avant de partir.

PHÈDRE

C'est vrai.

SOCRATE

Cher Pan, et vous, divinités de ces lieux, donnez-moi la beauté intérieure, et que l'extérieur soit en harmonie avec l'intérieur ; que le sage me paraisse toujours riche, que j'aie juste autant d'or que le sage seul peut en emporter avec lui. Avons-nous quelque autre chose à demander, Phèdre ? Pour moi, je n'ai rien à ajouter à ma prière.

PHÈDRE

Fais les mêmes vœux pour moi ; car tout est commun entre amis.

SOCRATE

Allons-nous-en.

MARIVAUX

Les Fausses Confidences

PERSONNAGES

ARAMINTE, *jeune veuve*

DORANTE, *neveu de Monsieur Remy*

MONSIEUR REMY, *procureur*

MADAME ARGANTE, *mère d'Araminte*

ARLEQUIN, *valet d'Araminte*

DUBOIS, *valet d'Araminte, ancien valet de Dorante*

MARTON, *suivante d'Araminte*

LE COMTE

UN DOMESTIQUE

UN GARÇON joaillier

La scène est chez Madame Argante.

ACTE PREMIER

SCÈNE PREMIÈRE

DORANTE, ARLEQUIN

ARLEQUIN, *introduisant Dorante*

Ayez la bonté, Monsieur, de vous asseoir un moment dans cette salle ; Mademoiselle Marton est chez Madame et ne tardera pas à descendre. antichambre

DORANTE

Je vous suis obligé.

ARLEQUIN

Si vous voulez, je vous tiendrai compagnie, de peur que l'ennui ne vous prenne ; nous discourrons en attendant.

DORANTE

Je vous remercie ; ce n'est pas la peine, ne vous détournez point.

ARLEQUIN

Voyez, Monsieur, n'en faites pas de façon : nous avons ordre de Madame d'être honnête, et vous êtes témoin que je le suis.

bien recevoir

DORANTE

Non, vous dis-je, je serai bien aise d'être un moment seul.

ARLEQUIN

Excusez, Monsieur, et restez à votre fantaisie.

SCÈNE II

DORANTE, DUBOIS, *entrant avec un air de mystère*

DORANTE

Ah ! te voilà ?

DUBOIS

Oui, je vous guettais.

DORANTE

J'ai cru que je ne pourrais me débarrasser d'un domestique qui m'a introduit ici et qui voulait absolument me désennuyer en restant. Dis-moi, Monsieur Remy n'est donc pas encore venu ?

DUBOIS

Non : mais voici l'heure à peu près qu'il vous a dit qu'il arriverait. *(Il cherche et regarde.)* N'y a-t-il là personne qui nous voie ensemble ? Il est essentiel que les domestiques ici ne sachent pas que je vous connaisse.

DORANTE

Je ne vois personne.

DUBOIS

Vous n'avez rien dit de notre projet à Monsieur Remy, votre parent ?

DORANTE

Pas le moindre mot. Il me présente de la meilleure foi du monde, en qualité d'intendant à cette dame-ci dont je lui ai parlé, et dont il se trouve le procureur. Il ne sait point du tout que c'est toi qui m'as adressé à lui : il la prévint hier ; il m'a dit que je me rendisse ce matin ici, qu'il me présenterait à elle, qu'il y serait avant moi, ou que s'il n'y était pas encore, je demandasse une Mademoiselle Marton. Voilà tout, et je n'aurais garde de lui confier notre projet, non plus qu'à personne, il me paraît extravagant, à moi qui m'y prête. Je n'en suis pourtant pas moins sensible à ta bonne volonté, Dubois ; tu m'as servi, je n'ai pu te garder, je n'ai pu même te bien récompenser de ton zèle ; malgré cela, il t'est venu dans l'esprit de faire ma fortune ! en vérité, il n'est point de reconnaissance que je ne te doive.

DUBOIS

Laissons cela, Monsieur ; tenez, en un mot, je suis content de vous ; vous m'avez toujours plu ; vous êtes un excellent homme, un homme que j'aime ; et si j'avais bien de l'argent, il serait encore à votre service.

DORANTE

Quand pourrai-je reconnaître tes sentiments pour moi ? Ma fortune serait la tienne ; mais je n'attends rien de notre entreprise, que la honte d'être renvoyé demain.

DUBOIS

Eh bien, vous vous en retournerez.

DORANTE

Cette femme-ci a un rang dans le monde, elle est liée avec tout ce qu'il y a de mieux, veuve d'un mari qui avait une grande charge dans les finances, et tu crois qu'elle fera quelque attention à moi, que je l'épouserai, moi qui ne suis rien, moi qui n'ai point de bien ?

DUBOIS

Point de bien ! votre bonne mine est un Pérou. Tournez-vous un peu, que je vous considère encore ; allons, Monsieur, vous vous moquez, il n'y a point de plus grand seigneur que vous à Paris : voilà une taille qui vaut toutes les dignités possibles, et notre affaire est infaillible, absolument infaillible ; il me semble que je vous vois déjà en déshabillé dans l'appartement de Madame.

DORANTE

Quelle chimère !

DUBOIS

Oui, je le soutiens. Vous êtes actuellement dans votre salle et vos équipages sont sous la remise.

DORANTE

Elle a plus de cinquante mille livres de rente, Dubois.

DUBOIS

Ah ! vous en avez bien soixante pour le moins.

DORANTE

Et tu me dis qu'elle est extrêmement raisonnable ?

DUBOIS

Tant mieux pour vous, et tant pis pour elle. Si vous lui plaisez, elle en sera si honteuse, elle se débattra tant, elle deviendra si faible, qu'elle ne pourra se soutenir qu'en épousant ; vous m'en direz des nouvelles. Vous l'avez vue et vous l'aimez ?

DORANTE

Je l'aime avec passion, et c'est ce qui fait que je tremble !

DUBOIS

Oh ! vous m'impatientez avec vos terreurs : Oh que diantre ! un peu de confiance ; vous réussirez, vous dis-je. Je m'en charge, je le veux, je l'ai mis là ; nous sommes convenus de toutes nos actions ; toutes nos mesures sont prises ; je connais l'humeur de ma maîtresse, je sais votre mérite, je sais mes talents, je vous conduis, et on vous aimera, toute raisonnable qu'on est ; on vous épousera, toute fière qu'on est, et on vous enrichira, tout ruiné que vous êtes, entendez-vous ? Fierté, raison et richesse, il faudra que tout se rende. Quand l'amour parle, il est le maître, et il parlera : adieu ; je vous quitte ; j'entends quelqu'un, c'est peut-être Monsieur Remy ; nous voilà embarqués, poursuivons. *(Il fait quelques pas, et revient.)* À propos, tâchez que Marton prenne un peu de goût pour vous. L'amour et moi, nous ferons le reste.

SCÈNE III

MONSIEUR REMY, DORANTE

MONSIEUR REMY

Bonjour, mon neveu ; je suis bien aise de vous voir exact. Mademoiselle Marton va venir, on est allé l'avertir. La connaissez-vous ?

DORANTE

Non, monsieur, pourquoi me le demandez-vous ?

MONSIEUR REMY

C'est qu'en venant ici, j'ai rêvé à une chose… Elle est jolie, au moins.

DORANTE

Je le crois.

MONSIEUR REMY

Et de fort bonne famille : c'est moi qui ai succédé à son père ; il était fort ami du vôtre ; homme un peu dérangé ; sa fille est restée sans bien ; la dame d'ici a voulu l'avoir, elle l'aime, la traite bien moins en suivante qu'en amie, lui a fait beaucoup de bien, lui en fera encore, et a offert même de la marier. Marton a d'ailleurs une vieille parente asthmatique dont elle hérite, et qui est à son aise ; vous allez être tous deux dans la même maison ; je suis d'avis que vous l'épousiez : qu'en dites-vous ?

DORANTE

Eh !… mais je ne pensais pas à elle.

MONSIEUR REMY

Eh bien, je vous avertis d'y penser ; tâchez de lui plaire. Vous n'avez rien, mon neveu, je dis rien qu'un peu d'espérance. Vous êtes mon héritier ; mais je me porte bien, et je ferai durer cela le plus longtemps que je pourrai, sans compter que je puis me marier : je n'en ai point d'envie ; mais cette envie-là vient tout d'un coup : il y a tant de minois qui vous la donnent ; avec une femme on a des enfants, c'est la coutume ; auquel cas, serviteur au collatéral. Ainsi, mon neveu, prenez toujours vos petites précautions, et vous mettez en état de vous passer de mon bien, que je vous destine aujourd'hui, et que je vous ôterai demain peut-être.

DORANTE

Vous avez raison, Monsieur, et c'est aussi à quoi je vais travailler.

MONSIEUR REMY

Je vous y exhorte. Voici Mademoiselle Marton : éloignez-vous de deux pas pour me donner le temps de lui demander comment elle vous trouve. *(Dorante s'écarte un peu.)*

SCÈNE IV

MONSIEUR REMY, MARTON, DORANTE

MARTON

Je suis fâchée, Monsieur, de vous avoir fait attendre ; mais j'avais affaire chez Madame.

MONSIEUR REMY

Il n'y a pas grand mal, Mademoiselle, j'arrive. Que pensez-vous de ce grand garçon-là ? *(Montrant Dorante.)*

MARTON, *riant*

Eh ! par quelle raison, Monsieur Remy, faut-il que je vous le dise ?

MONSIEUR REMY

C'est qu'il est mon neveu.

MARTON

Eh bien ! ce neveu-là est bon à montrer ; il ne dépare point la famille.

MONSIEUR REMY

Tout de bon ? C'est de lui dont j'ai parlé à Madame pour intendant, et je suis charmé qu'il vous revienne : il vous a déjà vue plus d'une fois chez moi quand vous y êtes venue ; vous en souvenez-vous ?

MARTON

Non, je n'en ai point d'idée.

MONSIEUR REMY

On ne prend pas garde à tout. Savez-vous ce qu'il me dit la première fois qu'il vous vit ? Quelle est cette jolie fille-là ? *(Marton sourit.)* Approchez, mon neveu. Mademoiselle, votre père et le sien s'aimaient beaucoup ; pourquoi les enfants ne s'aimeraient-ils pas ? En voilà un qui ne demande pas mieux ; c'est un cœur qui se présente bien.

DORANTE, *embarrassé*

Il n'y a rien là de difficile à croire.

MONSIEUR REMY

Voyez comme il vous regarde ; vous ne feriez pas là une si mauvaise emplette.

MARTON

J'en suis persuadée ; Monsieur prévient en sa faveur, et il faudra voir.

MONSIEUR REMY

Bon, bon ! il faudra ! Je ne m'en irai point que cela ne soit vu.

MARTON, *riant*

Je craindrais d'aller trop vite.

DORANTE

Vous importunez Mademoiselle, Monsieur.

MARTON, *riant*

Je n'ai pourtant pas l'air si indocile.

MONSIEUR REMY, *joyeux.*

Ah ! je suis bien content, vous voilà d'accord. Oh ! ça, mes enfants *(il leur prend les mains à tous deux)* je vous fiance, en attendant mieux. Je ne saurais rester ; je reviendrai tantôt. Je vous laisse le soin de présenter votre futur à Madame. Adieu, ma nièce. *(Il sort.)*

MARTON, *riant*

Adieu donc, mon oncle.

SCÈNE V

MARTON, DORANTE

MARTON

En vérité, tout ceci a l'air d'un songe. Comme monsieur Remy expédie ! Votre amour me paraît bien prompt, sera-t-il aussi durable ?

DORANTE

Autant l'un que l'autre, Mademoiselle.

MARTON

Il s'est trop hâté de partir. J'entends Madame qui vient, et comme, grâce aux arrangements de Monsieur Remy, vos intérêts sont presque les miens, ayez la bonté d'aller un moment sur la terrasse, afin que je la prévienne.

DORANTE

Volontiers, Mademoiselle.

MARTON, *en le voyant sortir*

J'admire ce penchant dont on se prend tout d'un coup l'un pour l'autre.

SCÈNE VI

ARAMINTE, MARTON

ARAMINTE

Marton, quel est donc cet homme qui vient de me saluer si gracieusement, et qui passe sur la terrasse ? Est-ce à vous à qui il en veut ?

MARTON

Non, Madame, c'est à vous-même.

ARAMINTE, *d'un air assez vif*

Eh bien, qu'on le fasse venir ; pourquoi s'en va-t-il ?

MARTON

C'est qu'il a souhaité que je vous parlasse auparavant. C'est le neveu de Monsieur Remy, celui qu'il vous a proposé pour homme d'affaires.

ARAMINTE

Ah ! c'est là lui ! Il a vraiment très bonne façon.

MARTON

Il est généralement estimé, je le sais.

ARAMINTE

Je n'ai pas de peine à le croire : il a tout l'air de le mériter. Mais, Marton, il a si bonne mine pour un intendant, que je me fais quelque scrupule de le prendre ; n'en dira-t-on rien ?

MARTON

Et que voulez-vous qu'on dise ? Est-on obligé de n'avoir que des intendants mal faits ?

ARAMINTE

Tu as raison. Dis-lui qu'il revienne. Il n'était pas nécessaire de me préparer à le recevoir : dès que c'est Monsieur Remy qui me le donne, c'en est assez ; je le prends.

MARTON, *comme s'en allant*

Vous ne sauriez mieux choisir. *(Et puis revenant.)* Êtes-vous convenue du parti que vous lui faites ? Monsieur Remy m'a chargée de vous en parler.

ARAMINTE

Cela est inutile. Il n'y aura point de dispute là-dessus. Dès que c'est un honnête homme, il aura lieu d'être content. Appelez-le.

MARTON, *hésitant à partir*

On lui laissera ce petit appartement qui donne sur le jardin, n'est-ce pas ?

ARAMINTE

Oui, comme il voudra ; qu'il vienne.
(Marton va dans la coulisse.)

SCÈNE VII

DORANTE, ARAMINTE, MARTON

MARTON

Monsieur Dorante, Madame vous attend.

ARAMINTE

Venez, Monsieur ; je suis obligée à Monsieur Remy d'avoir songé à moi. Puisqu'il me donne son neveu, je ne doute pas que ce ne soit un présent qu'il me fasse. Un de mes amis me parla avant-hier d'un intendant qu'il doit m'envoyer aujourd'hui ; mais je m'en tiens à vous.

DORANTE

J'espère, Madame, que mon zèle justifiera la préférence dont vous m'honorez, et que je vous supplie de me conserver. Rien ne m'affligerait tant à présent que de la perdre.

MARTON

Madame n'a pas deux paroles.

ARAMINTE

Non, Monsieur ; c'est une affaire terminée, je renverrai tout. Vous êtes au fait des affaires apparemment ; vous y avez travaillé ?

DORANTE

Oui, Madame ; mon père était avocat, et je pourrais l'être moi-même.

ARAMINTE

C'est-à-dire que vous êtes un homme de très bonne famille, et même au-dessus du parti que vous prenez ?

DORANTE

Je ne sens rien qui m'humilie dans le parti que je prends, Madame ; l'honneur de servir une dame comme vous n'est au-dessous de qui que ce soit, et je n'envierai la condition de personne.

ARAMINTE

Mes façons ne vous feront point changer de sentiment. Vous trouverez ici tous les égards que vous méritez ; et si, dans les suites il y avait occasion de vous rendre service, je ne la manquerai point.

MARTON

Voilà Madame : je la reconnais.

ARAMINTE

Il est vrai que je suis toujours fâchée de voir d'honnêtes gens sans fortune, tandis qu'une infinité de gens de rien et sans mérite en ont une éclatante. C'est une chose qui me blesse, surtout dans les personnes de son âge, car vous n'avez que trente ans tout au plus ?

DORANTE

Pas tout à fait encore, Madame.

ARAMINTE

Ce qu'il y a de consolant pour vous, c'est que vous avez le temps de devenir heureux.

DORANTE

Je commence à l'être aujourd'hui, Madame.

ARAMINTE

On vous montrera l'appartement que je vous destine ; s'il ne vous convient pas, il y en a d'autres, et vous choisirez. Il faut aussi quelqu'un qui vous serve et c'est à quoi je vais pourvoir. Qui lui donnerons-nous, Marton ?

MARTON

Il n'y a qu'à prendre Arlequin, Madame. Je le vois à l'entrée de la salle et je vais l'appeler. Arlequin, parlez à Madame.

SCÈNE VIII

ARAMINTE, DORANTE, MARTON, ARLEQUIN, UN DOMESTIQUE

ARLEQUIN

Me voilà, Madame.

ARAMINTE

Arlequin, vous êtes à présent à Monsieur ; vous le servirez ; je vous donne à lui.

ARLEQUIN

Comment, Madame, vous me donnez à lui ! est-ce que je ne serai plus à moi ? Ma personne ne m'appartiendra donc plus ?

MARTON

Quel benêt !

ARAMINTE

J'entends qu'au lieu de me servir, ce sera lui que tu serviras.

ARLEQUIN, *comme pleurant*

Je ne sais pas pourquoi Madame me donne mon congé : je n'ai pas mérité ce traitement ; je l'ai toujours servie à faire plaisir.

ARAMINTE

Je ne te donne point ton congé, je te payerai pour être à Monsieur.

ARLEQUIN

Je représente à Madame que cela ne serait pas juste : je ne donnerai pas ma peine d'un côté, pendant que l'argent me viendra d'un autre. Il faut que vous ayez mon service, puisque j'aurai vos gages ; autrement je friponnerais, Madame.

ARAMINTE

Je désespère de lui faire entendre raison !

MARTON

Tu es bien sot ! quand je t'envoie quelque part ou que je te dis : fais telle ou telle chose, n'obéis-tu pas ?

ARLEQUIN

Toujours.

MARTON

Eh bien ! ce sera Monsieur qui te le dira comme moi, et ce sera à la place de Madame et par son ordre.

ARLEQUIN

Ah ! c'est une autre affaire. C'est Madame qui donnera ordre à Monsieur de souffrir mon service, que je lui prêterai par le commandement de Madame.

MARTON

Voilà ce que c'est.

ARLEQUIN

Vous voyez bien que cela méritait explication.

UN DOMESTIQUE

Voici votre marchande qui vous apporte des étoffes, Madame.

ARAMINTE

Je vais les voir et je reviendrai. Monsieur, j'ai à vous parler d'une affaire ; ne vous éloignez pas.

SCÈNE IX

DORANTE, MARTON, ARLEQUIN

ARLEQUIN

Oh çà, Monsieur, nous sommes donc l'un à l'autre, et vous avez le pas sur moi. Je serai le valet qui sert, et vous le valet qui serez servi par ordre.

MARTON

Ce faquin avec ses comparaisons ! Va-t'en.

ARLEQUIN

Un moment, avec votre permission. Monsieur, ne payerez-vous rien ? Vous a-t-on donné ordre d'être servi gratis ? *(Dorante rit.)*

MARTON

Allons, laisse-nous. Madame te payera ; n'est-ce pas assez ?

ARLEQUIN

Pardi, Monsieur, je ne vous coûterai donc guère ? On ne saurait avoir un valet à meilleur marché.

DORANTE

Arlequin a raison. Tiens, voilà d'avance ce que je te donne.

ARLEQUIN

Ah ! voilà une action de maître. À votre aise le reste.

DORANTE

Va boire à ma santé.

ARLEQUIN, *s'en allant*

Oh ! s'il ne faut que boire afin qu'elle soit bonne, tant que je vivrai, je vous la promets excellente. *(À part.)* Le gracieux camarade qui m'est venu là par hasard !

SCÈNE X

DORANTE, MARTON, MADAME ARGANTE, *qui arrive un instant après*

MARTON

Vous avez lieu d'être satisfait de l'accueil de Madame, elle paraît faire cas de vous, et tant mieux, nous n'y perdons point. Mais voici Madame Argante ; je vous avertis que c'est sa mère, et je devine à peu près ce qui l'amène.

MADAME ARGANTE, *femme brusque et vaine*

Eh bien, Marton, ma fille a un nouvel intendant que son procureur lui a donné, m'a-t-elle dit : j'en suis fâchée ; cela n'est point obligeant pour Monsieur le Comte, qui lui en avait retenu un. Du moins devait-elle attendre, et les voir tous deux. D'où vient préférer celui-ci ? Quelle espèce d'homme est-ce ?

MARTON

C'est Monsieur, Madame.

MADAME ARGANTE

Hé ! c'est Monsieur ! Je ne m'en serais pas doutée ; il est bien jeune.

MARTON

À trente ans, on est en âge d'être intendant de maison, Madame.

MADAME ARGANTE

C'est selon. Êtes-vous arrêté, Monsieur ?

DORANTE

Oui, Madame.

MADAME ARGANTE

Et de chez qui sortez-vous ?

DORANTE

De chez moi, Madame : je n'ai encore été chez personne.

MADAME ARGANTE

De chez vous ! Vous allez donc faire ici votre apprentissage ?

MARTON

Point du tout. Monsieur entend les affaires ; il est fils d'un père extrêmement habile.

MADAME ARGANTE, *à Marton, à part*

Je n'ai pas grande opinion de cet homme-là. Est-ce là la figure d'un intendant ? Il n'en a non plus l'air…

MARTON, *à part aussi*

L'air n'y fait rien. Je vous réponds de lui ; c'est l'homme qu'il nous faut.

MADAME ARGANTE

Pourvu que Monsieur ne s'écarte pas des intentions que nous avons, il me sera indifférent que ce soit lui ou un autre.

DORANTE

Peut-on savoir ces intentions, Madame ?

MADAME ARGANTE

Connaissez-vous Monsieur le comte Dorimont ? C'est un homme d'un beau nom ; ma fille et lui allaient avoir un procès ensemble au sujet d'une terre considérable, il ne s'agissait pas moins que de savoir à qui elle resterait, et on a songé à les marier, pour empêcher qu'ils ne plaident. Ma fille est veuve d'un homme qui était fort considéré dans le monde, et qui l'a laissée fort riche. Mais Madame la comtesse Dorimont aurait un rang si élevé, irait de pair avec des personnes d'une si grande distinction, qu'il me tarde de voir ce mariage conclu ; et, je l'avoue, je serai charmée moi-même d'être la mère de Madame la comtesse Dorimont, et de plus que cela peut-être ; car Monsieur le comte Dorimont est en passe d'aller à tout.

DORANTE

Les paroles sont-elles données de part et d'autre ?

MADAME ARGANTE

Pas tout à fait encore, mais à peu près, ma fille n'en est pas éloignée. Elle souhaiterait seulement, dit-elle, d'être bien instruite de l'état de l'affaire et savoir si elle n'a pas meilleur droit que Monsieur le Comte, afin que, si elle l'épouse, il lui en ait plus d'obligation. Mais j'ai quelquefois peur que ce ne soit une défaite. Ma fille n'a qu'un défaut ; c'est que je ne lui trouve pas assez d'élévation. Le beau nom de Dorimont et le rang de comtesse ne la touchent pas assez ; elle ne sent pas le désagrément qu'il y a de n'être qu'une bourgeoise. Elle s'endort dans cet état, malgré le bien qu'elle a.

DORANTE, *doucement*

Peut-être n'en sera-t-elle pas plus heureuse, si elle en sort.

MADAME ARGANTE, *vivement*

Il ne s'agit pas de ce que vous en pensez. Gardez votre petite réflexion roturière, et servez-nous, si vous voulez être de nos amis.

↳ elle lui dit qu'il n'a pas le même rang social

MARTON

C'est un petit trait de morale qui ne gâte rien à notre affaire.

MADAME ARGANTE

Morale subalterne qui me déplaît.

DORANTE

De quoi est-il question, Madame ?

MADAME ARGANTE

De dire à ma fille, quand vous aurez vu ses papiers, que son droit est le moins bon ; que si elle plaidait, elle perdrait.

DORANTE

Si effectivement son droit est le plus faible, je ne manquerai pas de l'en avertir, Madame.

MADAME ARGANTE, *à part, à Marton*

Hum ! quel esprit borné ! *(À Dorante.)* Vous n'y êtes point ; ce n'est pas là ce qu'on vous dit ; on vous charge de lui parler ainsi, indépendamment de son droit bien ou mal fondé.

DORANTE

Mais, Madame, il n'y aurait point de probité à la tromper.

MADAME ARGANTE

De probité ! J'en manque donc, moi ? Quel raisonnement ! C'est moi qui suis sa mère, et qui vous ordonne de la tromper à son avantage, entendez-vous ?

DORANTE

Il y aura toujours de la mauvaise foi de ma part.

MADAME ARGANTE, *à part, à Marton*

C'est un ignorant que cela, qu'il faut renvoyer. Adieu, Monsieur l'homme d'affaires, qui n'avez fait celles de personne.

(Elle sort.)

Raillerie

SCÈNE XI

DORANTE, MARTON

DORANTE

Cette mère-là ne ressemble guère à sa fille.

MARTON

Oui, il y a quelque différence ; et je suis fâchée de n'avoir pas eu le temps de vous prévenir sur son humeur brusque. Elle est extrêmement entêtée de ce mariage, comme vous voyez. Au surplus, que vous importe ce que vous direz à la fille, dès que la mère sera votre garant ? Vous n'aurez rien à vous reprocher, ce me semble ; ce ne sera pas là une tromperie.

DORANTE

Eh ! vous m'excuserez : ce sera toujours l'engager à prendre un parti qu'elle ne prendrait peut-être pas sans cela. Puisque l'on veut que j'aide à l'y déterminer, elle y résiste donc ?

MARTON

C'est par indolence.

DORANTE

Croyez-moi, disons la vérité.

MARTON

Oh çà, il y a une petite raison à laquelle vous devez vous rendre ; c'est que Monsieur le Comte me fait présent de mille écus le jour de la signature du contrat ; et cet argent-là, suivant le projet de Monsieur Remy, vous regarde aussi bien que moi, comme vous voyez.

DORANTE

Tenez, Mademoiselle Marton, vous êtes la plus aimable fille du monde ; mais ce n'est que faute de réflexion que ces mille écus vous tentent.

MARTON

Au contraire, c'est par réflexion qu'ils me tentent : plus j'y rêve, et plus je les trouve bons.

DORANTE

Mais vous aimez votre maîtresse : et si elle n'était pas heureuse avec cet homme-là, ne vous reprocheriez-vous pas d'y avoir contribué pour une si misérable somme ?

MARTON

Ma foi, vous avez beau dire : d'ailleurs, le Comte est un honnête homme, et je n'y entends point de finesse. Voilà Madame qui revient, elle a à vous parler. Je me retire ; méditez sur cette somme, vous la goûterez aussi bien que moi. *(Elle sort.)*

DORANTE

Je ne suis plus si fâché de la tromper.

SCÈNE XII

ARAMINTE, DORANTE

ARAMINTE

Vous avez donc vu ma mère ?

DORANTE

Oui, Madame, il n'y a qu'un moment.

ARAMINTE

Elle me l'a dit, et voudrait bien que j'en eusse pris un autre que vous.

DORANTE

Il me l'a paru.

ARAMINTE

Oui, mais ne vous embarrassez point, vous me convenez.

DORANTE

Je n'ai point d'autre ambition.

ARAMINTE

Parlons de ce que j'ai à vous dire ; mais que ceci soit secret entre nous, je vous prie.

DORANTE

Je me trahirais plutôt moi-même.

ARAMINTE

Je n'hésite point non plus à vous donner ma confiance. Voici ce que c'est : on veut me marier avec Monsieur le comte Dorimont pour éviter un grand procès que nous aurions ensemble au sujet d'une terre que je possède.

DORANTE

Je le sais, Madame, et j'ai le malheur d'avoir déplu tout à l'heure là-dessus à Madame Argante.

ARAMINTE

Eh ! d'où vient ?

DORANTE

C'est que si, dans votre procès, vous avez le bon droit de votre côté, on souhaite que je vous dise le contraire, afin de vous engager plus vite à ce mariage ; et j'ai prié qu'on m'en dispensât.

ARAMINTE

Que ma mère est frivole ! Votre fidélité ne me surprend point ; j'y comptais. Faites toujours de même, et ne vous choquez point de ce que ma mère vous a dit ; je la désapprouve : a-t-elle tenu quelque discours désagréable ?

DORANTE

Il n'importe, Madame, mon zèle et mon attachement en augmentent : voilà tout.

ARAMINTE

Et voilà pourquoi aussi je ne veux pas qu'on vous chagrine, et j'y mettrai bon ordre. Qu'est-ce que cela signifie ? Je me fâcherai, si cela continue. Comment donc ? Vous ne seriez pas en repos ! On aura de mauvais procédés avec vous, parce que vous en avez d'estimables ; cela serait plaisant !

DORANTE

Madame, par toute la reconnaissance que je vous dois, n'y prenez point garde : je suis confus de vos bontés, et je suis trop heureux d'avoir été querellé.

ARAMINTE

Je loue vos sentiments. Revenons à ce procès dont il est question : si je n'épouse point Monsieur le Comte…

SCÈNE XIII

DORANTE, ARAMINTE, DUBOIS

DUBOIS

Madame la Marquise se porte mieux, Madame *(il feint de voir Dorante avec surprise),* et vous est fort obligée… fort obligée de votre attention. *(Dorante feint de détourner la tête, pour se cacher de Dubois.)*

ARAMINTE

Voilà qui est bien.

DUBOIS, *regardant toujours Dorante*

Madame, on m'a chargé aussi de vous dire un mot qui presse.

ARAMINTE

De quoi s'agit-il ?

DUBOIS

Il m'est recommandé de ne vous parler qu'en particulier.

ARAMINTE, *à Dorante*

Je n'ai point achevé ce que je voulais vous dire ; laissez-moi, je vous prie, un moment, et revenez.

SCÈNE XIV

ARAMINTE, DUBOIS

ARAMINTE

Qu'est-ce que c'est donc que cet air étonné que tu as marqué, ce me semble, en voyant Dorante ? D'où vient cette attention à le regarder ?

DUBOIS

Ce n'est rien, sinon que je ne saurais plus avoir l'honneur de servir Madame, et qu'il faut que je lui demande mon congé

ARAMINTE, *surprise*

Quoi ! seulement pour avoir vu Dorante ici ?

DUBOIS

Savez-vous à qui vous avez affaire ?

ARAMINTE

Au neveu de Monsieur Remy, mon procureur.

DUBOIS

Eh ! par quel tour d'adresse est-il connu de Madame ? comment a-t-il fait pour arriver jusqu'ici ?

ARAMINTE

C'est Monsieur Remy qui me l'a envoyé pour intendant.

DUBOIS

Lui, votre intendant ! Et c'est Monsieur Remy qui vous l'envoie : hélas ! le bon homme, il ne sait pas qui il vous donne ; c'est un démon que ce garçon-là.

ARAMINTE

Mais que signifient tes exclamations ? Explique-toi : est-ce que tu le connais ?

DUBOIS

Si je le connais, Madame ! si je le connais ! Ah vraiment oui ; et il me connaît bien aussi. N'avez-vous pas vu comme il se détournait de peur que je ne le visse.

ARAMINTE

Il est vrai ; et tu me surprends à mon tour. Serait-il capable de quelque mauvaise action, que tu saches ? Est-ce que ce n'est pas un honnête homme ?

DUBOIS

Lui ! il n'y a point de plus brave homme dans toute la terre ; il a, peut-être, plus d'honneur à lui tout seul que cinquante honnêtes gens ensemble. Oh ! c'est une probité merveilleuse ; il n'a peut-être pas son pareil.

ARAMINTE

Eh ! de quoi peut-il donc être question ? D'où vient que tu m'alarmes ? En vérité, j'en suis tout émue.

DUBOIS

Son défaut, c'est là. *(Il se touche le front.)* C'est à la tête que le mal le tient.

ARAMINTE

À la tête ?

DUBOIS

Oui, il est timbré, mais timbré comme cent.

ARAMINTE

Dorante ! il m'a paru de très bon sens. Quelle preuve as-tu de sa folie ?

DUBOIS

Quelle preuve ? Il y a six mois qu'il est tombé fou ; il y a six mois qu'il extravague d'amour, qu'il en a la cervelle brûlée, qu'il en est comme un perdu je dois bien le savoir, car j'étais à lui, je le servais ; et c'est ce qui m'a obligé de le quitter, et c'est ce qui me force de m'en aller encore. Ôtez cela, c'est un homme incomparable.

ARAMINTE, *un peu boudant*

Oh bien ! il fera ce qu'il voudra ; mais je ne le garderai pas : on a bien affaire d'un esprit renversé ; et peut-être encore, je gage, pour quelque objet qui n'en vaut pas la peine ; car les hommes ont des fantaisies…

DUBOIS

Ah ! vous m'excuserez ; pour ce qui est de l'objet, il n'y a rien à dire. Malpeste ! sa folie est de bon goût.

ARAMINTE

N'importe, je veux le congédier. Est-ce que tu la connais, cette personne ?

DUBOIS

J'ai l'honneur de la voir tous les jours ; c'est vous, Madame.

ARAMINTE

Moi, dis-tu ?

DUBOIS

Il vous adore ; il y a six mois qu'il n'en vit point, qu'il donnerait sa vie pour avoir le plaisir de vous contempler un instant. Vous avez dû voir qu'il a l'air enchanté quand il vous parle.

ARAMINTE

Il y a bien en effet quelque petite chose qui m'a paru extraordinaire. Eh ! juste ciel ! le pauvre garçon, de quoi s'avise-t-il ?

DUBOIS

Vous ne croiriez pas jusqu'où va sa démence ; elle le ruine, elle lui coupe la gorge. Il est bien fait, d'une figure passable, bien élevé et de bonne famille ; mais il n'est pas riche ; et vous saurez qu'il n'a tenu qu'à lui d'épouser des femmes qui l'étaient, et de fort aimables ma foi, qui offraient de lui faire sa fortune et qui auraient mérité qu'on leur fît à elles-mêmes : il y en a une qui n'en saurait revenir, et qui le poursuit encore tous les jours ; je le sais, car je l'ai rencontrée.

ARAMINTE, *avec négligence*

Actuellement ?

DUBOIS

Oui, Madame, actuellement, une grande brune très piquante, et qu'il fuit. Il n'y a pas moyen ; Monsieur refuse tout. Je les tromperais, me disait-il, je ne puis les aimer, mon cœur est parti. Ce qu'il disait quelquefois la larme à l'œil ; car il sent bien son tort.

ARAMINTE

Cela est fâcheux ; mais où m'a-t-il vue, avant que de venir chez moi, Dubois ?

DUBOIS

Hélas ! Madame, ce fut un jour que vous sortîtes de l'Opéra, qu'il perdit la raison ; c'était un vendredi, je m'en ressouviens ; oui, un vendredi ; il vous vit descendre l'escalier, à ce qu'il me raconta, et vous suivit jusqu'à votre carrosse ; il avait demandé votre nom, et je le trouvai qui était comme extasié, il ne remuait plus.

ARAMINTE

Quelle aventure !

DUBOIS

J'eus beau lui crier : Monsieur ! Point de nouvelles, il n'y avait personne au logis. À la fin, pourtant, il revint à lui avec un air égaré ; je le jetai dans une voiture, et nous retournâmes à la maison. J'espérais que cela se passerait, car je l'aimais : c'est le meilleur maître ! Point du tout, il n'y avait plus de ressource : ce bon sens, cet esprit jovial cette humeur charmante, vous aviez tout expédié ; et dès le lendemain nous ne fîmes plus tous deux, lui, que rêver à vous, que vous aimer ; moi d'épier depuis le matin jusqu'au soir où vous alliez.

ARAMINTE

Tu m'étonnes à un point !…

DUBOIS

Je me fis même ami d'un de vos gens qui n'y est plus, un garçon fort exact, et qui m'instruisait, et à qui je payais bouteille. C'est à la Comédie qu'on va, me disait-il ; et je courais faire mon rapport, sur lequel, dès quatre heures, mon homme était à la porte. C'est chez Madame celle-ci, c'est chez Madame celle-là ; et sur cet avis, nous allions toute la soirée habiter la rue, ne vous déplaise, pour voir Madame entrer et sortir, lui dans un fiacre, et moi derrière, tous deux morfondus et gelés ; car c'était dans l'hiver ; lui, ne s'en souciant guère ; moi, jurant par-ci, par-là pour me soulager.

ARAMINTE

Est-il possible ?

DUBOIS

Oui, Madame. À la fin, ce train de vie m'ennuya ; ma santé s'altérait, la sienne aussi. Je lui fis accroire que vous étiez à la campagne, il le crut, et j'eus quelque repos. Mais n'alla-t-il pas, deux jours après, vous rencontrer aux Tuileries où il avait été s'attrister de votre absence. Au retour il était furieux, il voulut me battre, tout bon qu'il est ; moi, je ne le voulus point, et je le quittai. Mon bonheur ensuite m'a mis chez Madame, où, à force de se démener, je le trouve parvenu à votre intendance, ce qu'il ne troquerait pas contre la place de l'empereur.

ARAMINTE

Y a-t-il rien de si particulier ? Je suis si lasse d'avoir des gens qui me trompent, que je me réjouissais de l'avoir, parce qu'il a de la probité ; ce n'est pas que je sois fâchée, car je suis bien au-dessus de cela.

DUBOIS

Il y aura de la bonté à le renvoyer. Plus il voit Madame, plus il s'achève.

ARAMINTE

Vraiment, je le renverrais bien ; mais ce n'est pas là ce qui le guérira. D'ailleurs, je ne sais que dire à Monsieur Remy, qui me l'a recommandé, et ceci m'embarrasse. Je ne vois pas trop comment m'en défaire, honnêtement.

DUBOIS

Oui ; mais vous ferez un incurable, Madame.

ARAMINTE, *vivement*

Oh ! tant pis pour lui. Je suis dans des circonstances où je ne saurais me passer d'un intendant ; et puis, il n'y a pas tant de risque que tu le crois : au contraire, s'il y avait quelque chose qui pût ramener cet homme, c'est l'habitude de me voir plus qu'il n'a fait, ce serait même un service à lui rendre.

DUBOIS

Oui ; c'est un remède bien innocent. Premièrement, il ne vous dira mot ; jamais vous n'entendrez parler de son amour.

ARAMINTE

En es-tu bien sûr ?

DUBOIS

Oh ! il ne faut pas en avoir peur ; il mourrait plutôt. Il a un respect, une adoration, une humilité pour vous, qui n'est pas concevable. Est-ce que vous croyez qu'il songe à être aimé ? Nullement. Il dit que dans l'univers il n'y a personne qui le mérite ; il ne veut que vous voir, vous considérer, regarder vos yeux, vos grâces, votre belle taille ; et puis c'est tout : il me l'a dit mille fois.

ARAMINTE, *haussant les épaules*

Voilà qui est bien digne de compassion ! Allons, je patienterai quelques jours, en attendant que j'en aie un autre ; au surplus, ne crains rien, je suis contente de toi ; je récompenserai ton zèle, et je ne veux pas que tu me quittes, entends-tu, Dubois.

DUBOIS

Madame, je vous suis dévoué pour la vie.

ARAMINTE

J'aurai soin de toi ; surtout qu'il ne sache pas que je suis instruite ; garde un profond secret ; et que tout le monde, jusqu'à Marton, ignore ce que tu m'as dit ; ce sont de ces choses qui ne doivent jamais percer.

DUBOIS

Je n'en ai jamais parlé qu'à Madame.

ARAMINTE

Le voici qui revient ; va-t'en.

SCÈNE XV

DORANTE, ARAMINTE

ARAMINTE, *un moment seule*

La vérité est que voici une confidence dont je me serais bien passée moi-même.

DORANTE

Madame, je me rends à vos ordres.

ARAMINTE

Oui, Monsieur ; de quoi vous parlais-je ? Je l'ai oublié.

DORANTE

D'un procès avec Monsieur le comte Dorimont.

ARAMINTE

Je me remets ; je vous disais qu'on veut nous marier.

DORANTE

Oui, Madame, et vous alliez, je crois, ajouter que vous n'étiez pas portée à ce mariage.

ARAMINTE

Il est vrai. J'avais envie de vous charger d'examiner l'affaire, afin de savoir si je ne risquerais rien à plaider ; mais je crois devoir vous dispenser de ce travail ; je ne suis pas sûre de pouvoir vous garder.

DORANTE

Ah ! Madame, vous avez eu la bonté de me rassurer là-dessus.

ARAMINTE

Oui ; mais je ne faisais pas réflexion que j'ai promis à Monsieur le Comte de prendre un intendant de sa main ; vous voyez bien qu'il ne serait pas honnête de lui manquer de parole ; et du moins faut-il que je parle à celui qu'il m'amènera.

DORANTE

Je ne suis pas heureux ; rien ne me réussit, et j'aurai la douleur d'être renvoyé.

ARAMINTE, *par faiblesse*

Je ne dis pas cela ; il n'y a rien de résolu là-dessus.

DORANTE

Ne me laissez point dans l'incertitude où je suis, Madame.

ARAMINTE

Eh ! mais, oui, je tâcherai que vous restiez ; je tâcherai.

DORANTE

Vous m'ordonnez donc de vous rendre compte de l'affaire en question ?

ARAMINTE

Attendons ; si j'allais épouser le Comte, vous auriez pris une peine inutile.

DORANTE

Je croyais avoir entendu dire à Madame qu'elle n'avait point de penchant pour lui.

ARAMINTE

Pas encore.

DORANTE

Et d'ailleurs, votre situation est si tranquille et si douce.

ARAMINTE, *à part*

Je n'ai pas le courage de l'affliger ! *(Haut.)* Eh bien, oui-da ; examinez toujours, examinez. J'ai des papiers dans mon cabinet, je vais les chercher. Vous viendrez les prendre, et je vous les donnerai. *(En s'en allant.)* Je n'oserais presque le regarder.

SCÈNE XVI

DORANTE, DUBOIS, *venant d'un air mystérieux et comme passant.*

DUBOIS

Marton vous cherche pour vous montrer l'appartement qu'on vous destine. Arlequin est allé boire. J'ai dit que j'allais vous avertir. Comment vous traite-t-on ?

DORANTE

Qu'elle est aimable ! Je suis enchanté ! De quelle façon a-t-elle reçu ce que tu lui as dit ?

DUBOIS, *comme en fuyant*

Elle opine tout doucement à vous garder par compassion : elle espère vous guérir par l'habitude de la voir.

DORANTE, *charmé*

Sincèrement ?

DUBOIS

Elle n'en réchappera point ; c'est autant de pris. Je m'en retourne.

DORANTE

Reste, au contraire ; je crois que voici Marton. Dis-lui que Madame m'attend pour me remettre des papiers, et que j'irai la trouver dès que je les aurai.

DUBOIS

Partez, aussi bien ai-je un petit avis à donner à Marton. Il est bon de jeter dans tous les esprits les soupçons dont nous avons besoin.

SCÈNE XVII

DUBOIS, MARTON

MARTON

Où est donc Dorante ? il me semble l'avoir vu avec toi.

DUBOIS, *brusquement*

Il dit que Madame l'attend pour des papiers, il reviendra ensuite. Au reste, qu'est-il nécessaire qu'il voie cet appartement ? S'il n'en voulait pas, il serait bien délicat : pardi, je lui conseillerais…

MARTON

Ce ne sont pas là tes affaires : je suis les ordres de Madame.

DUBOIS

Madame est bonne et sage ; mais prenez garde, ne trouvez-vous pas que ce petit galant-là fait les yeux doux ?

MARTON

Il les fait comme il les a.

DUBOIS

Je me trompe fort, si je n'ai pas vu la mine de ce freluquet considérer, je ne sais où, celle de Madame.

MARTON

Eh bien, est-ce qu'on te fâche quand on la trouve belle ?

DUBOIS

Non. Mais je me figure quelquefois qu'il n'est venu ici que pour la voir de plus près.

MARTON, *riant*

Ah ! ah ! quelle idée ! Va, tu n'y entends rien ; tu t'y connais mal. Ironie tragique

DUBOIS, *riant*

Ah ! ah ! je suis donc bien sot.

MARTON, *riant en s'en allant*

Ah ! ah ! l'original avec ses observations !

DUBOIS, *seul*

Allez, allez, prenez toujours. J'aurai soin de vous les faire trouver meilleures. Allons faire jouer toutes nos batteries.

ACTE II

SCÈNE I

ARAMINTE, DORANTE

DORANTE

Non, Madame, vous ne risquez rien ; vous pouvez plaider en toute sûreté. J'ai même consulté plusieurs personnes ; l'affaire est excellente ; et si vous n'avez que le motif dont vous parlez pour épouser Monsieur le Comte, rien ne vous oblige à ce mariage.

ARAMINTE

Je l'affligerai beaucoup, et j'ai de la peine à m'y résoudre.

DORANTE

Il ne serait pas juste de vous sacrifier à la crainte de l'affliger.

ARAMINTE

Mais avez-vous bien examiné ? Vous me disiez tantôt que mon état était doux et tranquille, n'aimeriez-vous pas mieux que j'y restasse ? N'êtes-vous pas un peu trop prévenu contre le mariage, et par conséquent contre Monsieur le Comte ?

DORANTE

Madame, j'aime mieux vos intérêts que les siens, et que ceux de qui que ce soit au monde.

ARAMINTE

Je ne saurais y trouver à redire. En tout cas, si je l'épouse, et qu'il veuille en mettre un autre ici à votre place, vous n'y perdrez point ; je vous promets de vous en trouver une meilleure.

DORANTE, *tristement*

Non, Madame, si j'ai le malheur de perdre celle-ci, je ne serai plus à personne ; et apparemment que je la perdrai ; je m'y attends.

ARAMINTE

Je crois pourtant que je plaiderai : nous verrons.

DORANTE

J'ai encore une petite chose à vous dire, Madame. Je viens d'apprendre que le concierge d'une de vos terres est mort : on pourrait y mettre un de vos gens ; et j'ai songé à Dubois, que je remplacerai ici par un domestique dont je réponds.

ARAMINTE

Non, envoyez plutôt votre homme au château, et laissez-moi Dubois : c'est un garçon de confiance, qui me sert bien et que je veux garder. À propos, il m'a dit, ce me semble, qu'il avait été à vous quelque temps ?

DORANTE, *feignant un peu d'embarras*

Il est vrai, Madame ; il est fidèle, mais peu exact. Rarement, au reste, ces gens-là parlent-ils bien de ceux qu'ils ont servis. Ne me nuirait-il point dans votre esprit ?

ARAMINTE, *négligemment*

Celui-ci dit beaucoup de bien de vous, et voilà tout. Que me veut Monsieur Remy ?

SCÈNE II

ARAMINTE, DORANTE, MONSIEUR REMY

MONSIEUR REMY

Madame, je suis votre très humble serviteur. Je viens vous remercier de la bonté que vous avez eue de prendre mon neveu à ma recommandation.

ARAMINTE

Je n'ai pas hésité, comme vous l'avez vu.

MONSIEUR REMY

Je vous rends mille grâces ! Ne m'aviez-vous pas dit qu'on vous en offrait un autre ?

ARAMINTE

Oui, Monsieur.

MONSIEUR REMY

Tant mieux ; car je viens vous demander celui-ci pour une affaire d'importance.

DORANTE, *d'un air de refus*

Et d'où vient, Monsieur ?

MONSIEUR REMY

Patience !

ARAMINTE

Mais, Monsieur Remy, ceci est un peu vif ; vous prenez assez mal votre temps, et j'ai refusé l'autre personne.

DORANTE

Pour moi, je ne sortirai jamais de chez Madame, qu'elle ne me congédie.

MONSIEUR REMY, *brusquement*

Vous ne savez ce que vous dites. Il faut pourtant sortir ; vous allez voir. Tenez, Madame, jugez-en vous-même, voici de quoi il est question : c'est une dame de trente-cinq ans, qu'on dit jolie femme, estimable, et de quelque distinction ; qui ne déclare pas son nom ; qui dit que j'ai été son procureur ; qui a quinze mille livres de rente pour le moins, ce qu'elle prouvera ; qui a vu Monsieur chez moi, qui lui a parlé, qui sait qu'il n'a pas de bien, et qui offre de l'épouser sans délai. Et la personne qui est venue chez moi de sa part doit revenir tantôt pour savoir la réponse, et vous mener tout de suite chez elle. Cela est-il net ? Y a-t-il à consulter là-dessus ? Dans deux heures il faut être au logis. Ai-je tort, Madame ?

ARAMINTE, *froidement*

C'est à lui à répondre.

MONSIEUR REMY

Eh bien ! à quoi pense-t-il donc ? Viendrez-vous ?

DORANTE

Non, Monsieur, je ne suis pas dans cette disposition-là.

MONSIEUR REMY

Hum ! Quoi ? Entendez-vous ce que je vous dis, qu'elle a quinze mille livres de rente ? entendez-vous ?

DORANTE

Oui, Monsieur ; mais en eût-elle vingt fois davantage, je ne l'épouserais pas ; nous ne serions heureux ni l'un ni l'autre : j'ai le cœur pris ; j'aime ailleurs.

MONSIEUR REMY, *d'un ton railleur, et traînant ses mots*

J'ai le cœur pris : voilà qui est fâcheux ! Ah, ah, le cœur est admirable ! Je n'aurais jamais deviné la beauté des scrupules de ce cœur-là, qui veut qu'on reste intendant de la maison d'autrui pendant qu'on peut l'être de la sienne ! Est-ce là votre dernier mot, berger fidèle ?

DORANTE

Je ne saurais changer de sentiment, Monsieur.

MONSIEUR REMY

Oh ! le sot cœur, mon neveu ; vous êtes un imbécile, un insensé ; et je tiens celle que vous aimez pour une guenon, si elle n'est pas de mon sentiment, n'est-il pas vrai, Madame, et ne le trouvez-vous pas extravagant ?

ARAMINTE, *doucement*

Ne le querellez point. Il paraît avoir tort ; j'en conviens.

MONSIEUR REMY, *vivement*

Comment, Madame ! il pourrait…

ARAMINTE

Dans sa façon de penser je l'excuse. Voyez pourtant, Dorante, tâchez de vaincre votre penchant, si vous le pouvez. Je sais bien que cela est difficile.

DORANTE

Il n'y a pas moyen, Madame, mon amour m'est plus cher que ma vie.

MONSIEUR REMY, *d'un air étonné*

Ceux qui aiment les beaux sentiments doivent être contents ; en voilà un des plus curieux qui se fassent. Vous trouvez donc cela raisonnable, Madame ?

ARAMINTE

Je vous laisse, parlez-lui vous-même. *(À part.)* Il me touche tant, qu'il faut que je m'en aille. *(Elle sort.)*

DORANTE, *à part*

Il ne croit pas si bien me servir.

SCÈNE III

DORANTE, MONSIEUR REMY, MARTON

MONSIEUR REMY, *regardant son neveu*

Dorante, sais-tu bien qu'il n'y a pas de fou aux Petites-Maisons de ta force ? *(Marton arrive).* Venez, Mademoiselle Marton.

MARTON

Je viens d'apprendre que vous étiez ici.

MONSIEUR REMY

Dites-nous un peu votre sentiment ; que pensez-vous de quelqu'un qui n'a point de bien, et qui refuse d'épouser une honnête et fort jolie femme, avec quinze mille livres de rente bien venants ?

MARTON

Votre question est bien aisée à décider. Ce quelqu'un rêve.

MONSIEUR REMY, *montrant Dorante*

Voilà le rêveur ; et pour excuse, il allègue son cœur que vous avez pris ; mais comme apparemment il n'a pas encore emporté le vôtre, et que je vous crois encore à peu près dans tout votre bon sens, vu le peu de temps qu'il y a que vous le connaissez, je vous prie de m'aider à le rendre plus sage. Assurément vous êtes fort jolie, mais vous ne le disputerez point à un pareil établissement, il n'y a point de beaux yeux qui vaillent ce prix-là.

MARTON

Quoi ! Monsieur Remy, c'est de Dorante que vous parlez ? C'est pour se garder à moi qu'il refuse d'être riche ?

MONSIEUR REMY

Tout juste, et vous êtes trop généreuse pour le souffrir.

MARTON, *avec un air de passion*

Vous vous trompez, Monsieur, je l'aime trop moi-même pour l'en empêcher, et je suis enchantée : oh ! Dorante, que je vous estime ! Je n'aurais pas cru que vous m'aimassiez tant.

MONSIEUR REMY

Courage ! je ne fais que vous le montrer, et vous en êtes déjà coiffée ! Pardi, le cœur d'une femme est bien étonnant ! le feu y prend bien vite.

MARTON, *comme chagrine*

Eh ! Monsieur, faut-il tant de bien pour être heureux ? Madame, qui a de la bonté pour moi, suppléera en partie par sa générosité à ce qu'il me sacrifie. Que je vous ai d'obligation, Dorante !

DORANTE

Oh ! non, Mademoiselle, aucune ; vous n'avez point de gré à me savoir de ce que je fais ; je me livre à mes sentiments, et ne regarde que moi là-dedans. Vous ne me devez rien ; je ne pense pas à votre reconnaissance.

MARTON

Vous me charmez : que de délicatesse ! Il n'y a encore rien de si tendre que ce que vous me dites.

MONSIEUR REMY

Par ma foi, je ne m'y connais donc guère ; car je le trouve bien plat. *(À Marton.)* Adieu, la belle enfant ; je ne vous aurais, ma foi, pas évaluée ce qu'il vous achète. Serviteur, idiot, garde ta tendresse, et moi ma succession. *(Il sort.)*

MARTON

Il est en colère, mais nous l'apaiserons.

DORANTE

Je l'espère. Quelqu'un vient.

MARTON

C'est le Comte, celui dont je vous ai parlé, et qui doit épouser Madame.

DORANTE

Je vous laisse donc, il pourrait me parler de son procès : vous savez ce que je vous ai dit là-dessus, et il est inutile que je le voie.

SCÈNE IV

LE COMTE, MARTON

LE COMTE

Bonjour, Marton.

MARTON

Vous voilà donc revenu, Monsieur ?

LE COMTE

… m'a dit qu'Araminte se promenait dans le jardin, et je … apprendre de sa mère une chose qui me chagrine : je lui avais retenu un intendant, qui devait aujourd'hui entrer chez elle, et cependant elle en a pris un autre, qui ne plaît point à la mère, et dont nous n'avons rien à espérer.

MARTON

Nous n'en devons rien craindre non plus, Monsieur. Allez, ne vous inquiétez point, c'est un galant homme ; et si la mère n'en est pas contente, c'est un peu de sa faute ; elle a débuté tantôt par le brusquer d'une manière si outrée, l'a traité si mal, qu'il n'est pas étonnant qu'elle ne l'ait point gagné. Imaginez-vous qu'elle l'a querellé de ce qu'il est bien fait.

LE COMTE

Ne serait-ce point lui que je viens de voir sortir d'avec vous ?

MARTON

Lui-même.

LE COMTE

Il a bonne mine en effet, et n'a pas trop l'air de ce qu'il est.

MARTON

Pardonnez-moi, Monsieur ; car il est honnête homme.

LE COMTE

N'y aurait-il pas moyen de raccommoder cela ? Araminte ne me hait pas, je pense, mais elle est lente à se déterminer ; et pour achever de la résoudre, il ne s'agirait plus que de lui dire que le sujet de notre discussion est douteux pour elle. Elle ne voudra pas soutenir l'embarras d'un procès. Parlons à cet intendant ; s'il ne faut que de l'argent pour le mettre dans nos intérêts, je ne l'épargnerai pas.

MARTON

Oh ! non, ce n'est point un homme à mener par là ; c'est le garçon de France le plus désintéressé.

LE COMTE

Tant pis ! ces gens-là ne sont bons à rien.

MARTON

Laissez-moi faire.

SCÈNE V

LE COMTE, ARLEQUIN, MARTON

ARLEQUIN

Mademoiselle, voilà un homme qui en demande un autre, savez-vous qui c'est ?

MARTON, *brusquement*

Et qui est cet autre ? À quel homme en veut-il ?

ARLEQUIN

Ma foi, je n'en sais rien ; c'est de quoi je m'informe à vous.

MARTON

Fais-le entrer.

ARLEQUIN, *le faisant sortir des coulisses*

Hé ! le garçon venez ici dire votre affaire.

SCÈNE VI

LE COMTE, MARTON, LE GARÇON

MARTON

Qui cherchez-vous ?

LE GARÇON

Mademoiselle, je cherche un certain Monsieur à qui j'ai à rendre un portrait avec une boîte qu'il nous a fait faire. Il nous a dit qu'on ne la remît qu'à lui-même, et qu'il viendrait la prendre ; mais comme mon père est obligé de partir demain pour un petit voyage, il m'a envoyé pour la lui rendre, et on m'a dit que je saurais de ses nouvelles ici. Je le connais de vue, mais je ne sais pas son nom.

MARTON

N'est-ce pas vous, Monsieur le Comte ?

LE COMTE

Non, sûrement.

LE GARÇON

Je n'ai point affaire à Monsieur, Mademoiselle ; c'est une autre personne.

MARTON

Et chez qui vous a-t-on dit que vous le trouveriez ?

LE GARÇON

Chez un procureur qui s'appelle Monsieur Remy.

LE COMTE

Ah ! n'est-ce pas le procureur de Madame ? montrez-nous la boîte.

LE GARÇON

Monsieur, cela m'est défendu ; je n'ai ordre de la donner qu'à celui à qui elle est : le portrait de la dame est dedans.

LE COMTE

Le portrait d'une dame ? Qu'est-ce que cela signifie ? Serait-ce celui d'Araminte ? Je vais tout à l'heure savoir ce qu'il en est.

SCÈNE VII

MARTON, LE GARÇON

MARTON

Vous avez mal fait de parler de ce portrait devant lui. Je sais qui vous cherchez ; c'est le neveu de Monsieur Remy, de chez qui vous venez.

LE GARÇON

Je le crois aussi, Mademoiselle.

MARTON

Un grand homme qui s'appelle Monsieur Dorante.

LE GARÇON

Il me semble que c'est son nom.

MARTON

Il me l'a dit ; je suis dans sa confidence. Avez-vous remarqué le portrait ?

LE GARÇON

Non, je n'ai pas pris garde à qui il ressemble.

MARTON

Eh bien, c'est de moi dont il s'agit. Monsieur Dorante n'est pas ici, et ne reviendra pas sitôt. Vous n'avez qu'à me remettre la boîte ; vous le pouvez en toute sûreté ; vous lui ferez même plaisir. Vous voyez que je suis au fait.

LE GARÇON

C'est ce qui me paraît. La voilà, Mademoiselle. Ayez donc, je vous prie, le soin de la lui rendre quand il sera venu.

MARTON

Oh ! je n'y manquerai pas.

LE GARÇON

Il y a encore une bagatelle qu'il doit dessus, mais je tâcherai de repasser tantôt, et s'il n'y était pas, vous auriez la bonté d'achever de payer.

MARTON

Sans difficulté. Allez. *(À part.)* Voici Dorante. *(Au garçon.)* Retirez-vous vite.

SCÈNE VIII

MARTON, DORANTE

MARTON, *un moment seule et joyeuse*

Ce ne peut être que mon portrait. Le charmant homme ! Monsieur Remy avait raison de dire qu'il y avait quelque temps qu'il me connaissait.

DORANTE

Mademoiselle, n'avez-vous pas vu ici quelqu'un qui vient d'arriver ? Arlequin croit que c'est moi qu'il demande.

MARTON, *le regardant avec tendresse*

Que vous êtes aimable, Dorante ! je serais bien injuste de ne pas vous aimer. Allez, soyez en repos ; l'ouvrier est venu, je lui ai parlé, j'ai la boîte, je la tiens.

DORANTE

J'ignore...

MARTON

Point de mystère ; je la tiens, vous dis-je, et je ne m'en fâche pas. Je vous la rendrai quand je l'aurai vue. Retirez-vous, voici Madame avec sa mère et le Comte ; c'est peut-être de cela qu'ils s'entretiennent. Laissez-moi les calmer là-dessus, et ne les attendez pas.

DORANTE, *en s'en allant, et riant*

Tout a réussi, elle prend le change à merveille !

SCÈNE IX

ARAMINTE, LE COMTE, MADAME ARGANTE, MARTON

ARAMINTE

Marton, qu'est-ce que c'est qu'un portrait dont Monsieur le Comte me parle, qu'on vient d'apporter ici à quelqu'un qu'on ne nomme pas, et qu'on soupçonne être le mien ? Instruisez-moi de cette histoire-là.

MARTON, *d'un air rêveur*

Ce n'est rien, Madame ; je vous dirai ce que c'est : je l'ai démêlé après que Monsieur le Comte est parti ; il n'a que faire de s'alarmer. Il n'y a rien là qui vous intéresse.

LE COMTE

Comment le savez-vous, Mademoiselle ? vous n'avez point vu le portrait.

MARTON

N'importe, c'est tout comme si je l'avais vu. Je sais qui il regarde ; n'en soyez point en peine.

LE COMTE

Ce qu'il y a de certain, c'est un portrait de femme, et c'est ici qu'on vient chercher la personne qui l'a fait faire, à qui on doit le rendre, et ce n'est pas moi.

MARTON

D'accord. Mais quand je vous dis que Madame n'y est pour rien, ni vous non plus…

ARAMINTE

Eh bien ! si vous êtes instruite, dites-nous donc de quoi il est question ; car je veux le savoir. On a des idées qui ne me plaisent point. Parlez.

MADAME ARGANTE

Oui ; ceci a un air de mystère qui est désagréable. Il ne faut pourtant pas vous fâcher, ma fille. Monsieur le Comte vous aime, et un peu de jalousie, même injuste, ne messied pas à un amant.

LE COMTE

Je ne suis jaloux que de l'inconnu qui ose se donner le plaisir d'avoir le portrait de Madame.

ARAMINTE, *vivement*

Comme il vous plaira, Monsieur ; mais j'ai entendu ce que vous vouliez dire, et je crains un peu ce caractère d'esprit-là. Eh bien, Marton ?

MARTON

Eh bien, Madame, voilà bien du bruit ! c'est mon portrait.

LE COMTE

Votre portrait ?

MARTON

Oui, le mien. Eh ! pourquoi non, s'il vous plaît ? il ne faut pas tant se récrier.

MADAME ARGANTE

Je suis assez comme Monsieur le Comte ; la chose me paraît singulière.

MARTON

Ma foi, Madame, sans vanité, on en peint tous les jours, et des plus huppées, qui ne me valent pas.

ARAMINTE

Et qui est-ce qui a fait cette dépense-là pour vous ?

MARTON

Un très aimable homme qui m'aime, qui a de la délicatesse et des sentiments et qui me recherche ; et puisqu'il faut vous le nommer, c'est Dorante.

ARAMINTE

Mon intendant ?

MARTON

Lui-même.

MADAME ARGANTE

Le fat, avec ses sentiments !

ARAMINTE, *brusquement*

Eh ! vous nous trompez ; depuis qu'il est ici, a-t-il eu le temps de vous faire peindre ?

MARTON

Mais ce n'est pas d'aujourd'hui qu'il me connaît.

ARAMINTE, *vivement*

Donnez donc.

MARTON

Je n'ai pas encore ouvert la boîte, mais c'est moi que vous y allez voir.

Araminte l'ouvre, tous regardent.

LE COMTE

Eh ! je m'en doutais bien ; c'est Madame.

MARTON

Madame ! ... Il est vrai, et me voilà bien loin de mon compte ! *(À part.)* Dubois avait raison tantôt.

ARAMINTE, *à part*

Et moi, je vois clair. *(À Marton.)* Par quel hasard avez-vous cru que c'était vous ?

MARTON

Ma foi, Madame, toute autre que moi s'y serait trompée. Monsieur Remy me dit que son neveu m'aime, qu'il veut nous marier ensemble ; Dorante est présent, et ne dit point non ; il refuse devant moi un très riche parti ; l'oncle s'en prend à moi, me dit que j'en suis cause. Ensuite vient un homme qui apporte ce portrait, qui vient chercher ici celui à qui il appartient ; je l'interroge : à tout ce qu'il répond, je reconnais Dorante. C'est un petit portrait de femme, Dorante m'aime jusqu'à refuser sa fortune pour moi. Je conclus donc que c'est moi qu'il a fait peindre. Ai-je eu tort ? J'ai pourtant mal conclu. J'y renonce ; tant d'honneur ne m'appartient point. Je crois voir toute l'étendue de ma méprise, et je me tais.

ARAMINTE

Ah ! ce n'est pas là une chose bien difficile à deviner. Vous faites le fâché, l'étonné, Monsieur le Comte ; il y a eu quelque malentendu dans les mesures que vous avez prises ; mais vous ne m'abusez point ; c'est à vous qu'on apportait le portrait. Un homme dont on ne sait pas le nom, qu'on vient chercher ici, c'est vous, Monsieur, c'est vous.

MARTON, *d'un air sérieux*

Je ne crois pas.

MADAME ARGANTE

Oui, oui, c'est Monsieur : à quoi bon vous en défendre ? Dans les termes où vous en êtes avec ma fille, ce n'est pas là un si grand crime ; allons, convenez-en.

LE COMTE, *froidement*

Non, Madame, ce n'est point moi, sur mon honneur, je ne connais pas ce Monsieur Remy : comment aurait-on dit chez lui qu'on aurait de mes nouvelles ici ? Cela ne se peut pas.

MADAME ARGANTE, *d'un air pensif*

Je ne faisais pas attention à cette circonstance.

ARAMINTE

Bon ! qu'est-ce qu'une circonstance de plus ou de moins ? Je n'en rabats rien. Quoi qu'il en soit, je le garde, personne ne l'aura. Mais quel bruit entendons-nous ? Voyez ce que c'est, Marton.

SCÈNE X

ARAMINTE, LE COMTE, MADAME ARGANTE, MARTON, DUBOIS, ARLEQUIN

ARLEQUIN, *en entrant*

Tu es un plaisant magot !

MARTON

À qui en avez-vous donc, vous autres ?

DUBOIS

Si je disais un mot, ton maître sortirait bien vite.

ARLEQUIN

Toi ? nous nous soucions de toi et de toute ta race de canaille comme de cela.

DUBOIS

Comme je te bâtonnerais, sans le respect de Madame !

ARLEQUIN

Arrive, arrive : la voilà, Madame.

ARAMINTE

Quel sujet avez-vous donc de quereller ? De quoi s'agit-il ?

MADAME ARGANTE

Approchez, Dubois. Apprenez-nous ce que c'est que ce mot que vous diriez contre Dorante ; il serait bon de savoir ce que c'est.

ARLEQUIN

Prononce donc ce mot.

ARAMINTE

Tais-toi, laisse-le parler.

DUBOIS

Il y a une heure qu'il me dit mille invectives, Madame.

ARLEQUIN

Je soutiens les intérêts de mon maître, je tire des gages pour cela, et je ne souffrirai point qu'un ostrogoth menace mon maître d'un mot, j'en demande justice à Madame.

MADAME ARGANTE

Mais, encore une fois, sachons ce que veut dire Dubois par ce mot : c'est le plus pressé.

ARLEQUIN

Je le défie d'en dire seulement une lettre.

DUBOIS

C'est par pure colère que j'ai fait cette menace, Madame ; et voici la cause de la dispute. En arrangeant l'appartement de Monsieur Dorante, j'ai vu par hasard un tableau où Madame est peinte, et j'ai cru qu'il fallait l'ôter, qu'il n'avait que faire là, qu'il n'était point décent qu'il y restât ; de sorte que j'ai été pour le détacher ; ce butor est venu pour m'en empêcher, et peu s'en est fallu que nous ne nous soyons battus.

ARLEQUIN

Sans doute, de quoi t'avises-tu d'ôter ce tableau qui est tout à fait gracieux, que mon maître considérait il n'y avait qu'un moment avec toute la satisfaction possible ? Car je l'avais vu qui l'avait contemplé de tout son cœur, et il prend fantaisie à ce brutal de le priver d'une peinture qui réjouit cet honnête homme. Voyez la malice ! Ôte-lui quelque autre meuble, s'il en a trop, mais laisse-lui cette pièce, animal.

DUBOIS

Et moi, je te dis qu'on ne la laissera point, que je la détacherai moi-même, que tu en auras le démenti, et que Madame le voudra ainsi.

ARAMINTE

Eh ! que m'importe ? Il était bien nécessaire de faire ce bruit-là pour un vieux tableau qu'on a mis là par hasard, et qui y est resté. Laissez-nous. Cela vaut-il la peine qu'on en parle ?

MADAME ARGANTE, *d'un ton aigre*

Vous m'excuserez, ma fille ; ce n'est point là sa place, et il n'y a qu'à l'ôter ; votre intendant se passera bien de ses contemplations.

ARAMINTE, *souriant d'un air railleur*

Oh ! vous avez raison. Je ne pense pas qu'il les regrette. *(À Arlequin et à Dubois.)* Retirez-vous tous deux.

SCÈNE XI

ARAMINTE, LE COMTE, MADAME ARGANTE, MARTON

LE COMTE, *d'un ton railleur*

Ce qui est de sûr, c'est que cet homme d'affaires-là est de bon goût.

ARAMINTE, *ironiquement*

Oui, la réflexion est juste. Effectivement, il est fort extraordinaire qu'il ait jeté les yeux sur ce tableau.

MADAME ARGANTE

Cet homme-là ne m'a jamais plu un instant, ma fille ; vous le savez, j'ai le coup d'œil assez bon, et je ne l'aime point. Croyez-moi, vous avez entendu la menace que Dubois a faite en parlant de lui. J'y reviens encore, il faut qu'il ait quelque chose à en dire. Interrogez-le ; sachons ce que c'est. Je suis persuadée que ce petit monsieur-là ne vous convient point ; nous le voyons tous ; il n'y a que vous qui n'y prenez pas garde.

MARTON, *négligemment*

Pour moi je n'en suis pas contente.

ARAMINTE, *riant ironiquement*

Qu'est-ce donc que vous voyez, et que je ne vois point ? Je manque de pénétration : j'avoue que je m'y perds ! Je ne vois pas le sujet de me défaire d'un homme qui m'est donné de bonne main, qui est un homme de quelque chose, qui me sert bien, et que trop bien peut-être ; voilà ce qui n'échappe pas à ma pénétration, par exemple !

MADAME ARGANTE

Que vous êtes aveugle !

ARAMINTE, *d'un air souriant*

Pas tant ; chacun a ses lumières. Je consens, au reste, d'écouter Dubois, le conseil est bon, et je l'approuve. Allez, Marton, allez lui dire que je veux lui parler. S'il me donne des motifs raisonnables de renvoyer cet intendant assez hardi pour regarder un tableau, il ne restera pas longtemps chez moi ; sans quoi, on aura la bonté de trouver bon que je le garde, en attendant qu'il me déplaise à moi.

MADAME ARGANTE, *vivement*

Eh bien ! il vous déplaira ; je ne vous en dis pas davantage, en attendant de plus fortes preuves.

LE COMTE

Quant à moi, Madame, j'avoue que j'ai craint qu'il ne me servît mal auprès de vous, qu'il ne vous inspirât l'envie de plaider, et j'ai souhaité par pure tendresse qu'il vous en détournât. Il aura pourtant beau faire, je déclare que je renonce à tout procès avec vous ; que je ne veux pour arbitre de notre discussion que vous et vos gens d'affaires, et que j'aime mieux perdre tout que de rien disputer.

MADAME ARGANTE, *d'un ton décisif*

Mais où serait la dispute ? Le mariage terminerait tout, et le vôtre est comme arrêté.

LE COMTE

Je garde le silence sur Dorante ; je reviendrai simplement voir ce que vous pensez de lui, et si vous le congédiez, comme je le présume, il ne tiendra qu'à vous de prendre celui que je vous offrais, et que je retiendrai encore quelque temps.

MADAME ARGANTE

Je ferai comme Monsieur, je ne vous parlerai plus de rien non plus, vous m'accuseriez de vision et votre entêtement finira sans notre secours. Je compte beaucoup sur Dubois que voici, et avec lequel nous vous laissons.

SCÈNE XII

DUBOIS, ARAMINTE

DUBOIS

On m'a dit que vous vouliez me parler, Madame ?

ARAMINTE

Viens ici : tu es bien imprudent, Dubois, bien indiscret ; moi qui ai si bonne opinion de toi, tu n'as guère d'attention pour ce que je te dis. Je t'avais recommandé de te taire sur le chapitre de Dorante ; tu en sais les conséquences ridicules, et tu me l'avais promis : pour quoi donc avoir prise, sur ce misérable tableau, avec un sot qui fait un vacarme épouvantable, et qui vient ici tenir des discours tous propres à donner des idées que je serais au désespoir qu'on eût ?

DUBOIS

Ma foi, Madame, j'ai cru la chose sans conséquence, et je n'ai agi d'ailleurs que par un mouvement de respect et de zèle.

ARAMINTE, *d'un air vif*

Eh ! laisse là ton zèle, ce n'est pas là celui que je veux, ni celui qu'il me faut, c'est de ton silence dont j'ai besoin pour me tirer de l'embarras où je suis, et où tu m'as jetée toi-même ; car sans toi je ne saurais pas que cet homme-là m'aime, et je n'aurais que faire d'y regarder de si près.

DUBOIS

J'ai bien senti que j'avais tort.

ARAMINTE

Passe encore pour la dispute ; mais pourquoi s'écrier : si je disais un mot ? Y a-t-il rien de plus mal à toi ?

DUBOIS

C'est encore une suite de ce zèle mal entendu.

ARAMINTE

Eh bien ! tais-toi donc, tais-toi ; je voudrais pouvoir te faire oublier ce que tu m'as dit.

DUBOIS

Oh ! je suis bien corrigé.

ARAMINTE

C'est ton étourderie qui me force actuellement de te parler, sous prétexte de t'interroger sur ce que tu sais de lui. Ma mère et Monsieur le Comte s'attendent que tu vas m'en apprendre des choses étonnantes ; quel rapport leur ferai-je à présent ?

DUBOIS

Ah ! il n'y a rien de plus facile à raccommoder : ce rapport sera que des gens qui le connaissent m'ont dit que c'était un homme incapable de l'emploi qu'il a chez vous ; quoiqu'il soit fort habile, au moins : ce n'est pas cela qui lui manque.

ARAMINTE

À la bonne heure ; mais il y aura un inconvénient. S'il en est incapable, on me dira de le renvoyer, et il n'est pas encore temps, j'y ai pensé depuis ; la prudence ne le veut pas, et je suis obligée de prendre des biais, et d'aller tout doucement avec cette passion si excessive que tu dis qu'il a, et qui éclaterait peut-être dans sa douleur. Me fierais-je à un désespéré ? Ce n'est plus le besoin que j'ai de lui qui me retient, c'est moi que je ménage. *(Elle radoucit le ton.)* À moins que ce qu'a dit Marton ne soit vrai, auquel cas je n'aurais plus rien à craindre. Elle prétend qu'il l'avait déjà vue chez Monsieur Remy, et que le procureur a dit même devant lui qu'il l'aimait depuis longtemps, et qu'il fallait qu'ils se mariassent ; je le voudrais.

DUBOIS

Bagatelle ! Dorante n'a vu Marton ni de près ni de loin ; c'est le procureur qui a débité cette fable-là à Marton, dans le dessein de les marier ensemble. Et moi je n'ai pas osé l'en dédire, m'a dit Dorante, parce que j'aurais indisposé contre moi cette fille, qui a du crédit auprès de sa maîtresse, et qui a cru ensuite que c'était pour elle que je refusais les quinze mille livres de rente qu'on m'offrait.

ARAMINTE, *négligemment*

Il t'a donc tout conté ?

DUBOIS

Oui, il n'y a qu'un moment, dans le jardin où il a voulu presque se jeter à mes genoux pour me conjurer de lui garder le secret sur sa passion, et d'oublier l'emportement qu'il eut avec moi quand je le quittai. Je lui ai dit que je me tairais, mais que je ne prétendais pas rester dans la maison avec lui, et qu'il fallait qu'il sortît ; ce qui l'a jeté dans des gémissements, dans des pleurs, dans le plus triste état du monde.

ARAMINTE

Eh ! tant pis ; ne le tourmente point ; tu vois bien que j'ai raison de dire qu'il faut aller doucement avec cet esprit-là, tu le vois bien. J'augurais beaucoup de ce mariage avec Marton ; je croyais qu'il m'oublierait, et point du tout, il n'est question de rien.

DUBOIS, *comme s'en allant*

Pure fable ! Madame a-t-elle encore quelque chose à me dire ?

ARAMINTE

Attends : comment faire ? Si lorsqu'il me parle il me mettait en droit de me plaindre de lui ; mais il ne lui échappe rien ; je ne sais de son amour que ce que tu m'en dis ; et je ne suis pas assez fondée pour le renvoyer ; il est vrai qu'il me fâcherait s'il parlait ; mais il serait à propos qu'il me fâchât.

DUBOIS

Vraiment oui ; Monsieur Dorante n'est point digne de Madame. S'il était dans une plus grande fortune, comme il n'y a rien à dire à ce qu'il est né, ce serait une autre affaire, mais il n'est riche qu'en mérite, et ce n'est pas assez.

ARAMINTE, *d'un ton comme triste*

Vraiment non, voilà les usages ; je ne sais pas comment je le traiterai ; je n'en sais rien, je verrai.

DUBOIS.

Eh bien ! Madame a un si beau prétexte … Ce portrait que Marton a cru être le sien à ce qu'elle m'a dit …

ARAMINTE

Eh ! non, je ne saurais l'en accuser ; c'est le Comte qui l'a fait faire.

DUBOIS

Point du tout, c'est de Dorante, je le sais de lui-même, et il y travaillait encore il n'y a que deux mois, lorsque je le quittai.

ARAMINTE

Va-t'en ; il y a longtemps que je te parle. Si on me demande ce que tu m'as appris de lui, je dirai ce dont nous sommes convenus. Le voici, j'ai envie de lui tendre un piège.

DUBOIS

Oui, Madame, il se déclarera peut-être, et tout de suite je lui dirais : Sortez.

ARAMINTE

Laisse-nous.

SCÈNE XIII

DORANTE, ARAMINTE, DUBOIS

DUBOIS, *sortant, et en passant auprès de Dorante, rapidement*

Il m'est impossible de l'instruire ; mais qu'il se découvre ou non, les choses ne peuvent aller que bien.

DORANTE

Je viens, Madame, vous demander votre protection. Je suis dans le chagrin et dans l'inquiétude : j'ai tout quitté pour avoir l'honneur d'être à vous, je vous suis plus attaché que je ne puis le dire ; on ne saurait vous servir avec plus de fidélité ni de désintéressement ; et cependant je ne suis pas sûr de rester. Tout le monde ici m'en veut, me persécute et conspire pour me faire sortir. J'en suis consterné ; je tremble que vous ne cédiez à leur inimitié pour moi, et j'en serais dans la dernière affliction.

ARAMINTE, *d'un ton doux*

Tranquillisez-vous ; vous ne dépendez point de ceux qui vous en veulent ; ils ne vous ont encore fait aucun tort dans mon esprit, et tous leurs petits complots n'aboutiront à rien ; je suis la maîtresse.

DORANTE, *d'un air bien inquiet*

Je n'ai que votre appui, Madame.

ARAMINTE

Il ne vous manquera pas ; mais je vous conseille une chose : ne leur paraissez pas si alarmé, vous leur feriez douter de votre capacité, et il leur semblerait que vous m'auriez beaucoup d'obligation de ce que je vous garde.

DORANTE

Ils ne se tromperaient pas, Madame ; c'est une bonté qui me pénètre de reconnaissance.

ARAMINTE

À la bonne heure ; mais il n'est pas nécessaire qu'ils le croient. Je vous sais bon gré de votre attachement et de votre fidélité ; mais dissimulez-en une partie, c'est peut-être ce qui les indispose contre vous. Vous leur avez refusé de m'en faire accroire sur le chapitre du procès ; conformez-vous à ce qu'ils exigent ; regagnez-les par là, je vous le permets : l'événement leur persuadera que vous les avez bien servis ; car toute réflexion faite, je suis déterminée à épouser le Comte.

DORANTE, *d'un ton ému*

Déterminée, Madame !

ARAMINTE

Oui, tout à fait résolue. Le Comte croira que vous y avez contribué ; je le lui dirai même, et je vous garantis que vous resterez ici ; je vous le promets. *(À part.)* Il change de couleur.

DORANTE

Quelle différence pour moi, Madame !

ARAMINTE, *d'un air délibéré*

Il n'y en aura aucune, ne vous embarrassez pas, et écrivez le billet que je vais vous dicter ; il y a tout ce qu'il faut sur cette table.

DORANTE

Et pour qui, Madame ?

ARAMINTE

Pour le Comte, qui est sorti d'ici extrêmement inquiet, et que je vais surprendre bien agréablement par le petit mot que vous allez lui écrire en mon nom. *(Dorante reste rêveur, et par distraction ne va point à la table.)* Eh ! vous n'allez pas à la table ? À quoi rêvez-vous ?

DORANTE, *toujours distrait*

Oui, Madame.

ARAMINTE, *à part, pendant qu'il se place*

Il ne sait ce qu'il fait ; voyons si cela continuera.

DORANTE, *à part, cherchant du papier*

Ah ! Dubois m'a trompé !

ARAMINTE, *poursuivant*

Êtes-vous prêt à écrire ?

DORANTE

Madame, je ne trouve point de papier.

ARAMINTE, *allant elle-même*

Vous n'en trouvez point ! En voilà devant vous.

DORANTE

Il est vrai.

ARAMINTE

Écrivez. Hâtez-vous de venir, Monsieur ; votre mariage est sûr... Avez-vous écrit...

DORANTE

Comment, Madame ?

ARAMINTE

Vous ne m'écoutez donc pas ? Votre mariage est sûr ; Madame veut que je vous l'écrive, et vous attend pour vous le dire. *(À part.)* Il souffre, mais il ne dit mot — est-ce qu'il ne parlera pas ? N'attribuez point cette résolution à la crainte que Madame pourrait avoir des suites d'un procès douteux.

DORANTE

Je vous ai assuré que vous le gagneriez, Madame : douteux, il ne l'est point.

ARAMINTE

N'importe, achevez. Non, Monsieur, je suis chargé de sa part de vous assurer que la seule justice qu'elle rend à votre mérite la détermine.

DORANTE, *à part*

Ciel ! je suis perdu. *(Haut.)* Mais, Madame, vous n'aviez aucune inclination pour lui.

ARAMINTE

Achevez, vous dis-je... Qu'elle rend à votre mérite la détermine... Je crois que la main vous tremble ! vous paraissez changé. Qu'est-ce que cela signifie ? Vous trouvez-vous mal ?

DORANTE

Je ne me trouve pas bien, Madame.

ARAMINTE

Quoi ! si subitement ! cela est singulier. Pliez la lettre et mettez : À Monsieur le comte Dorimont. Vous direz à Dubois qu'il la lui porte. *(À part.)* Le cœur me bat ! *(À Dorante.)* Voilà qui est écrit tout de travers ! Cette adresse-là n'est presque pas lisible. *(À part.)* Il n'y a pas encore là de quoi le convaincre.

DORANTE, *à part*

Ne serait-ce point aussi pour m'éprouver ? Dubois ne m'a averti de rien.

SCÈNE XIV

ARAMINTE, DORANTE, MARTON

MARTON

Je suis bien aise, Madame, de trouver Monsieur ici, il vous confirmera tout de suite ce que j'ai à vous dire. Vous avez offert en différentes occasions de me marier, Madame ; et jusqu'ici je ne me suis point trouvée disposée à profiter de vos bontés. Aujourd'hui Monsieur me recherche, il vient même de refuser un parti infiniment plus riche, et le tout pour moi ; du moins me l'a-t-il laissé croire, et il est à propos qu'il s'explique ; mais comme je ne veux dépendre que de vous, c'est de vous aussi, Madame, qu'il faut qu'il m'obtienne : ainsi, Monsieur, vous n'avez qu'à parler à Madame. Si elle m'accorde à vous, vous n'aurez point de peine à m'obtenir de moi-même.

SCÈNE XV

DORANTE, ARAMINTE

ARAMINTE, *à part, émue*

Cette folle ! *(Haut.)* Je suis charmée de ce qu'elle vient de m'apprendre. Vous avez fait là un très bon choix : c'est une fille aimable et d'un excellent caractère.

DORANTE, *d'un air abattu*

Hélas ! Madame, je ne songe point à elle.

ARAMINTE

Vous ne songez point à elle ! Elle dit que vous l'aimez, que vous l'aviez vue avant de venir ici.

DORANTE, *tristement*

C'est une erreur où Monsieur Remy l'a jetée sans me consulter ; et je n'ai point osé dire le contraire, dans la crainte de m'en faire une ennemie auprès de vous. Il en est de même de ce riche parti qu'elle croit que je refuse à cause d'elle ; et je n'ai nulle part à tout cela. Je suis hors d'état de donner mon cœur à personne : je l'ai perdu pour jamais, et la plus brillante de toutes les fortunes ne me tenterait pas.

ARAMINTE

Vous avez tort. Il fallait désabuser Marton.

DORANTE

Elle vous aurait peut-être empêchée de me recevoir, et mon indifférence lui en dit assez.

ARAMINTE

Mais dans la situation où vous êtes, quel intérêt aviez-vous d'entrer dans ma maison, et de la préférer à une autre ?

DORANTE

Je trouve plus de douceur à être chez vous, Madame.

ARAMINTE

Il y a quelque chose d'incompréhensible en tout ceci ! Voyez-vous souvent la personne que vous aimez ?

DORANTE, *toujours abattu*

Pas souvent à mon gré, Madame ; et je la verrais à tout instant, que je ne croirais pas la voir assez.

ARAMINTE, *à part*

Il a des expressions d'une tendresse ! *(Haut.)* Est-elle fille ? A-t-elle été mariée ?

DORANTE

Madame, elle est veuve.

ARAMINTE

Et ne devez-vous pas l'épouser ? Elle vous aime, sans doute ?

DORANTE

Hélas ! Madame, elle ne sait pas seulement que je l'adore. Excusez l'emportement du terme dont je me sers. Je ne saurais presque parler d'elle qu'avec transport !

ARAMINTE

Je ne vous interroge que par étonnement. Elle ignore que vous l'aimez, dites-vous, et vous lui sacrifiez votre fortune ? Voilà de l'incroyable. Comment, avec tant d'amour, avez-vous pu vous taire ? On essaie de se faire aimer, ce me semble : cela est naturel et pardonnable.

DORANTE

Me préserve le ciel d'oser concevoir la plus légère espérance ! Être aimé, moi ! non, Madame. Son état est bien au-dessus du mien. Mon respect me condamne au silence ; et je mourrai du moins sans avoir eu le malheur de lui déplaire.

ARAMINTE

Je n'imagine point de femme qui mérite d'inspirer une passion si étonnante : je n'en imagine point. Elle est donc au-dessus de toute comparaison ?

DORANTE

Dispensez-moi de la louer, Madame : je m'égarerais en la peignant. On ne connaît rien de si beau ni de si aimable qu'elle ! et jamais elle ne me parle, ou ne me regarde, que mon amour n'en augmente.

ARAMINTE *baisse les yeux et continue*

Mais votre conduite blesse la raison. Que prétendez-vous avec cet amour pour une personne qui ne saura jamais que vous l'aimez ? Cela est bien bizarre. Que prétendez-vous ?

DORANTE

Le plaisir de la voir quelquefois, et d'être avec elle, est tout ce que je me propose.

ARAMINTE

Avec elle ! Oubliez-vous que vous êtes ici ?

DORANTE

Je veux dire avec son portrait, quand je ne la vois point.

ARAMINTE

Son portrait ! Est-ce que vous l'avez fait faire ?

DORANTE

Non, Madame ; mais j'ai, par amusement, appris à peindre, et je l'ai peinte moi-même. Je me serais privé de son portrait, si je n'avais pu l'avoir *que par le secours d'un autre.*

ARAMINTE, *à part*

Il faut le pousser à bout. *(Haut.)* Montrez-moi ce portrait.

DORANTE

Daignez m'en dispenser, Madame ; quoique mon amour soit sans espérance, je n'en dois pas moins un secret inviolable à l'objet aimé.

ARAMINTE

Il m'en est tombé un par hasard entre les mains : on l'a trouvé ici. *(Montrant la boîte.)* Voyez si ce ne serait point celui dont il s'agit.

DORANTE

Cela ne se peut pas.

ARAMINTE, *ouvrant la boîte*

Il est vrai que la chose serait assez extraordinaire : examinez.

DORANTE

Ah ! Madame, songez que j'aurais perdu mille fois la vie, avant d'avouer ce que le hasard vous découvre. Comment pourrai-je expier ? … *(Il se jette à ses genoux.)*

ARAMINTE

Dorante, je ne me fâcherai point. Votre égarement me fait pitié. Revenez-en, je vous le pardonne.

MARTON *paraît et s'enfuit*

Ah ! *(Dorante se lève vite.)*

ARAMINTE

Ah ciel ! c'est Marton ! Elle vous a vu.

DORANTE, *feignant d'être déconcerté*

Non, Madame, non : je ne crois pas. Elle n'est point entrée.

ARAMINTE

Elle vous a vu, vous dis-je : laissez-moi, allez-vous en : vous m'êtes insupportable. Rendez-moi ma lettre. *(Quand il est parti.)* Voilà pourtant ce que c'est que de l'avoir gardé !

SCÈNE XVI

ARAMINTE, DUBOIS

DUBOIS

Dorante s'est-il déclaré, Madame ? et est-il nécessaire que je lui parle ?

ARAMINTE

Non, il ne m'a rien dit. Je n'ai rien vu d'approchant à ce que tu m'as conté ; et qu'il n'en soit plus question : ne t'en mêle plus. *(Elle sort.)*

DUBOIS

Voici l'affaire dans sa crise.

SCÈNE XVII

DUBOIS, DORANTE

DORANTE

Ah ! Dubois.

DUBOIS

Retirez-vous.

DORANTE

Je ne sais qu'augurer de la conversation que je viens d'avoir avec elle.

DUBOIS

À quoi songez-vous ? Elle n'est qu'à deux pas : voulez-vous tout perdre ?

DORANTE

Il faut que tu m'éclaircisses…

DUBOIS

Allez dans le jardin.

DORANTE

D'un doute…

DUBOIS

Dans le jardin, vous dis-je ; je vais m'y rendre.

DORANTE

Mais…

DUBOIS

Je ne vous écoute plus.

DORANTE

Je crains plus que jamais.

ACTE III

SCÈNE I

DORANTE, DUBOIS

DUBOIS

Non, vous dis-je ; ne perdons point de temps. La lettre est-elle prête ?

DORANTE, *la lui montrant*

Oui, la voilà, et j'ai mis dessus : rue du Figuier.

DUBOIS

Vous êtes bien assuré qu'Arlequin ne connaît pas ce quartier-là ?

DORANTE

Il m'a dit que non.

DUBOIS

Lui avez-vous bien recommandé de s'adresser à Marton ou à moi pour savoir ce que c'est ?

DORANTE

Sans doute, et je lui recommanderai encore.

DUBOIS

Allez donc la lui donner : je me charge du reste auprès de Marton que je vais trouver.

DORANTE

Je t'avoue que j'hésite un peu. N'allons-nous pas trop vite avec Araminte ? Dans l'agitation des mouvements où elle est, veux-tu encore lui donner l'embarras de voir subitement éclater l'aventure ?

DUBOIS

Oh ! oui : point de quartier. Il faut l'achever, pendant qu'elle est étourdie. Elle ne sait plus ce qu'elle fait. Ne voyez-vous pas bien qu'elle triche avec moi, qu'elle me fait accroire que vous ne lui avez rien dit ? Ah ! je lui apprendrai à vouloir me souffler mon emploi de confident pour vous aimer en fraude.

DORANTE

Que j'ai souffert dans ce dernier entretien ! Puisque tu savais qu'elle voulait me faire déclarer, que ne m'en avertissais-tu par quelques signes ?

DUBOIS

Cela aurait été joli, ma foi ! Elle ne s'en serait point aperçue, n'est-ce pas ? Et d'ailleurs, votre douleur n'en a paru que plus vraie. Vous repentez-vous de l'effet qu'elle a produit ? Monsieur a souffert ! Parbleu ! il me semble que cette aventure-ci mérite un peu d'inquiétude.

DORANTE

Sais-tu bien ce qui arrivera ? Qu'elle prendra son parti, et qu'elle me renverra tout d'un coup.

DUBOIS

Je lui en défie. Il est trop tard. L'heure du courage est passée. Il faut qu'elle nous épouse.

DORANTE

Prends-y garde : tu vois que sa mère la fatigue.

DUBOIS

Je serais bien fâché qu'elle la laissât en repos.

DORANTE

Elle est confuse de ce que Marton m'a surpris à ses genoux.

DUBOIS

Ah ! vraiment, des confusions ! Elle n'y est pas. Elle va en essuyer bien d'autres ! C'est moi qui, voyant le train que prenait la conversation, ai fait venir Marton une seconde fois.

DORANTE

Araminte pourtant m'a dit que je lui étais insupportable.

DUBOIS

Elle a raison. Voulez-vous qu'elle soit de bonne humeur avec un homme qu'il faut qu'elle aime en dépit d'elle ? Cela est-il agréable ? Vous vous emparez de son bien, de son cœur ; et cette femme ne criera pas ! Allez vite, plus de raisonnements : laissez-vous conduire.

DORANTE

Songe que je l'aime, et que, si notre précipitation réussit mal, tu me désespères.

DUBOIS

Ah ! oui, je sais bien que vous l'aimez : c'est à cause de cela que je ne vous écoute pas. Êtes-vous en état de juger de rien ? Allons, allons, vous vous moquez ; laissez faire un homme de sang-froid. Partez, d'autant plus que voici Marton qui vient à propos, et que je vais tâcher d'amuser, en attendant que vous envoyiez Arlequin. *(Dorante sort.)*

SCÈNE II

DUBOIS, MARTON

MARTON, *d'un air triste*

Je te cherchais.

DUBOIS

Qu'y a-t-il pour votre service, Mademoiselle ?

MARTON

Tu me l'avais bien dit, Dubois.

DUBOIS

Quoi donc ? Je ne me souviens plus de ce que c'est.

MARTON

Que cet intendant osait lever les yeux sur Madame.

DUBOIS

Ah ! oui, vous parlez de ce regard que je lui vis jeter sur elle. Oh ! jamais je ne l'ai oublié. Cette œillade-là ne valait rien. Il y avait quelque chose dedans qui n'était pas dans l'ordre.

MARTON

Oh çà, Dubois, il s'agit de faire sortir cet homme-ci.

DUBOIS

Pardi ! tant qu'on voudra, je ne m'y épargne pas. J'ai déjà dit à Madame qu'on m'avait assuré qu'il n'entendait pas les affaires.

MARTON

Mais est-ce là tout ce que tu sais de lui ? C'est de la part de Madame Argante et de Monsieur le Comte que je te parle, et nous avons peur que tu n'aies pas tout dit à Madame, ou qu'elle ne cache ce que c'est. Ne nous déguise rien, tu n'en seras pas fâché.

DUBOIS

Ma foi ! je ne sais que son insuffisance, dont j'ai instruit Madame.

MARTON

Ne dissimule point.

DUBOIS

Moi ! un dissimulé ! moi ! garder un secret ! Vous avez bien trouvé votre homme ! En fait de discrétion, je mériterais d'être femme. Je vous demande pardon de la comparaison : mais c'est pour vous mettre l'esprit en repos.

MARTON

Il est certain qu'il aime Madame.

DUBOIS

Il n'en faut point douter : je lui en ai même dit ma pensée à elle.

MARTON

Et qu'a-t-elle répondu ?

DUBOIS

Que j'étais un sot. Elle est si prévenue…

MARTON

Prévenue à un point que je n'oserais le dire, Dubois.

DUBOIS

Oh ! le diable n'y perd rien, ni moi non plus ; car je vous entends.

MARTON

Tu as la mine d'en savoir plus que moi là-dessus.

DUBOIS

Oh ! point du tout, je vous jure. Mais, à propos, il vient tout à l'heure d'appeler Arlequin pour lui donner une lettre : si nous pouvions la saisir, peut-être en saurions-nous davantage.

MARTON

Une lettre, oui-da ; ne négligeons rien. Je vais de ce pas parler à Arlequin, s'il n'est pas encore parti.

DUBOIS

Vous n'irez pas loin. Je crois qu'il vient.

SCÈNE III

MARTON, DUBOIS, ARLEQUIN

ARLEQUIN, *voyant Dubois*

Ah ! te voilà donc, mal bâti.

DUBOIS

Tenez : n'est-ce pas là une belle figure pour se moquer de la mienne ?

MARTON

Que veux-tu, Arlequin ?

ARLEQUIN

Ne sauriez-vous pas où demeure la rue du Figuier, Mademoiselle ?

MARTON

Oui.

ARLEQUIN

C'est que mon camarade, que je sers, m'a dit de porter cette lettre à quelqu'un qui est dans cette rue, et comme je ne la sais pas, il m'a dit que je m'en informasse à vous ou à cet animal-là ; mais cet animal-là ne mérite pas que je lui en parle, sinon pour l'injurier. J'aimerais mieux que le diable eût emporté toutes les rues, que d'en savoir une par le moyen d'un malotru comme lui.

DUBOIS, *à Marton, à part*

Prenez la lettre. *(Haut.)* Non, non, Mademoiselle, ne lui enseignez rien : qu'il galope.

ARLEQUIN

Veux-tu te taire ?

MARTON, *négligemment*

Ne l'interrompez donc point, Dubois. Eh bien ! veux-tu me donner ta lettre ? Je vais envoyer dans ce quartier-là, et on la rendra à son adresse.

ARLEQUIN

Ah ! voilà qui est bien agréable ! Vous êtes une fille de bonne amitié, Mademoiselle.

DUBOIS, *s'en allant*

Vous êtes bien bonne d'épargner de la peine à ce fainéant-là.

ARLEQUIN

Ce malhonnête ! Va, va trouver le tableau pour voir comme il se moque de toi.

MARTON, *seule avec Arlequin*

Ne lui réponds rien : donne ta lettre.

ARLEQUIN

Tenez, Mademoiselle ; vous me rendez un service qui me fait grand bien. Quand il y aura à trotter pour votre serviable personne, n'ayez point d'autre postillon que moi.

MARTON

Elle sera rendue exactement.

ARLEQUIN

Oui, je vous recommande l'exactitude à cause de Monsieur Dorante, qui mérite toutes sortes de fidélité.

MARTON, *à part*

L'indigne !

ARLEQUIN, *s'en allant*

Je suis votre serviteur éternel.

MARTON

Adieu.

ARLEQUIN, *revenant*

Si vous le rencontrez, ne lui dites point qu'un autre galope à ma place.

SCÈNE IV

MADAME ARGANTE, LE COMTE, MARTON

MARTON, *un moment seule*

Ne disons mot que je n'aie vu ce que ceci contient.

MADAME ARGANTE

Eh bien, Marton, qu'avez-vous appris de Dubois ?

MARTON

Rien que ce que vous saviez déjà, Madame, et ce n'est pas assez.

MADAME ARGANTE

Dubois est un coquin qui nous trompe.

LE COMTE

Il est vrai que sa menace signifiait quelque chose de plus.

MADAME ARGANTE

Quoi qu'il en soit, j'attends Monsieur Remy que j'ai envoyé chercher ; et s'il ne nous défait pas de cet homme-là, ma fille saura qu'il ose l'aimer, je l'ai résolu. Nous en avons les présomptions les plus fortes ; et ne fût-ce que par bienséance, il faudra bien qu'elle le chasse. D'un autre côté, j'ai fait venir l'intendant que Monsieur le Comte lui proposait. Il est ici, et je le lui présenterai sur-le-champ.

MARTON

Je doute que vous réussissiez si nous n'apprenons rien de nouveau : mais je tiens peut-être son congé, moi qui vous parle... Voici Monsieur Remy : je n'ai pas le temps de vous en dire davantage, et je vais m'éclaircir. *(Elle veut sortir.)*

SCÈNE V

MONSIEUR REMY, MADAME ARGANTE, LE COMTE, MARTON

MONSIEUR REMY, *à Marton qui se retire*

Bonjour, ma nièce, puisque enfin il faut que vous la soyez. Savez-vous ce qu'on me veut ici ?

MARTON, *brusquement*

Passez, Monsieur, et cherchez votre nièce ailleurs : je n'aime point les mauvais plaisants. *(Elle sort.)*

MONSIEUR REMY

Voilà une petite fille bien incivile. *(À Madame Argante.)* On m'a dit de votre part de venir ici, Madame : de quoi est-il donc question ?

MADAME ARGANTE, *d'un ton revêche*

Ah ! c'est donc vous, Monsieur le Procureur ?

MONSIEUR REMY

Oui, Madame, je vous garantis que c'est moi-même.

MADAME ARGANTE

Et de quoi vous êtes-vous avisé, je vous prie, de nous embarrasser d'un intendant de votre façon ?

MONSIEUR REMY

Et par quel hasard Madame y trouve-t-elle à redire ?

MADAME ARGANTE

C'est que nous nous serions bien passés du présent que vous nous avez fait.

MONSIEUR REMY

Ma foi ! Madame, s'il n'est pas à votre goût, vous êtes bien difficile.

MADAME ARGANTE

C'est votre neveu, dit-on ?

MONSIEUR REMY

Oui, Madame.

MADAME ARGANTE

Eh bien ! tout votre neveu qu'il est, vous nous ferez un grand plaisir de le retirer.

MONSIEUR REMY

Ce n'est pas à vous que je l'ai donné.

MADAME ARGANTE

Non ; mais c'est à nous qu'il déplaît, à moi et à Monsieur le Comte que voilà, et qui doit épouser ma fille.

MONSIEUR REMY, *élevant la voix*

Celui-ci est nouveau ! Mais, Madame, dès qu'il n'est pas à vous, il me semble qu'il n'est pas essentiel qu'il vous plaise. On n'a pas mis dans le marché qu'il vous plairait, personne n'a songé à cela ; et, pourvu qu'il convienne à Madame Araminte, tout doit être content. Tant pis pour qui ne l'est pas. Qu'est-ce que cela signifie ?

MADAME ARGANTE

Mais vous avez le ton bien rogue, Monsieur Remy.

MONSIEUR REMY

Ma foi ! vos compliments ne sont pas propres à l'adoucir, Madame Argante.

LE COMTE

Doucement, Monsieur le Procureur, doucement : il me paraît que vous avez tort.

MONSIEUR REMY

Comme vous voudrez, Monsieur le Comte, comme vous voudrez ; mais cela ne vous regarde pas. Vous savez bien que je n'ai pas l'honneur de vous connaître, et nous n'avons que faire ensemble, pas la moindre chose.

LE COMTE

Que vous me connaissiez ou non, il n'est pas si peu essentiel que vous le dites que notre neveu plaise à Madame. Elle n'est pas une étrangère dans la maison.

MONSIEUR REMY

Parfaitement étrangère pour cette affaire-ci, Monsieur ; on ne peut pas plus étrangère : au surplus, Dorante est un homme d'honneur, connu pour tel, dont j'ai répondu, dont je répondrai toujours, et dont Madame parle ici d'une manière choquante.

MADAME ARGANTE

Votre Dorante est un impertinent.

MONSIEUR REMY

Bagatelle ! ce mot-là ne signifie rien dans votre bouche.

MADAME ARGANTE

Dans ma bouche ! À qui parle donc ce petit praticien, Monsieur le Comte ? Est-ce que vous ne lui imposerez pas silence ?

MONSIEUR REMY

Comment donc ! m'imposer silence ! à moi, Procureur ! Savez-vous bien qu'il y a cinquante ans que je parle, Madame Argante ?

MADAME ARGANTE

Il y a donc cinquante ans que vous ne savez ce que vous dites.

SCÈNE VI

ARAMINTE, MADAME ARGANTE, MONSIEUR REMY, LE COMTE

ARAMINTE

Qu'y a-t-il donc ? On dirait que vous vous querellez.

MONSIEUR REMY

Nous ne sommes pas fort en paix, et vous venez à propos, Madame : il s'agit de Dorante ; avez-vous sujet de vous plaindre de lui ?

ARAMINTE

Non, que je sache.

MONSIEUR REMY

Vous êtes-vous aperçue qu'il ait manqué de probité ?

ARAMINTE

Lui ? non vraiment. Je ne le connais que pour un homme très estimable.

MONSIEUR REMY

Au discours que Madame en tient, ce doit pourtant être un fripon, dont il faut que je vous délivre, et on se passerait bien du présent que je vous ai fait, et c'est un impertinent qui déplaît à Monsieur qui parle en qualité d'époux futur ; et à cause que je le défends, on veut me persuader que je radote.

ARAMINTE, *froidement*

On se jette là dans de grands excès. Je n'y ai point de part, Monsieur. Je suis bien éloignée de vous traiter si mal. À l'égard de Dorante, la meilleure justification qu'il y ait pour lui, c'est que je le garde. Mais je venais pour savoir une chose, Monsieur le Comte. Il y a là-bas, m'a-t-on dit, un homme d'affaires que vous avez amené pour moi. On se trompe apparemment.

LE COMTE

Madame, il est vrai qu'il est venu avec moi ; mais c'est Madame Argante…

MADAME ARGANTE

Attendez, je vais répondre. Oui, ma fille, c'est moi qui ai prié Monsieur de le faire venir pour remplacer celui que vous avez et que vous allez mettre dehors : je suis sûre de mon fait. J'ai laissé dire votre procureur, au reste, mais il amplifie.

MONSIEUR REMY

Courage !

MADAME ARGANTE, *vivement*

Paix ; vous avez assez parlé. *(À Araminte.)* Je n'ai point dit que son neveu fût un fripon. Il ne serait pas impossible qu'il le fût, je n'en serais pas étonnée.

MONSIEUR REMY

Mauvaise parenthèse, avec votre permission, supposition injurieuse, et tout à fait hors d'œuvre.

MADAME ARGANTE

Honnête homme, soit : du moins n'a-t-on pas encore de preuves du contraire, et je veux croire qu'il l'est. Pour un impertinent et très impertinent, j'ai dit qu'il en était un, et j'ai raison. Vous dites que vous le garderez : vous n'en ferez rien.

ARAMINTE, *froidement*

Il restera, je vous assure.

MADAME ARGANTE

Point du tout ; vous ne sauriez. Seriez-vous d'humeur à garder un intendant qui vous aime ?

MONSIEUR REMY

Eh ? à qui voulez-vous donc qu'il s'attache ? À vous, à qui il n'a pas affaire ?

ARAMINTE

Mais en effet, pourquoi faut-il que mon intendant me haïsse ?

MADAME ARGANTE

Eh ! non, point d'équivoque. Quand je vous dis qu'il vous aime, j'entends qu'il est amoureux de vous, en bon français, qu'il est ce qu'on appelle amoureux ; qu'il soupire pour vous ; que vous êtes l'objet secret de sa tendresse.

MONSIEUR REMY, *étonné*

Dorante ?

ARAMINTE, *riant*

L'objet secret de sa tendresse ! Oh ! oui, très secret, je pense. Ah ! ah ! je ne me croyais pas si dangereuse à voir. Mais dès que vous devinez de pareils secrets, que ne devinez-vous que tous mes gens sont comme lui ? Peut-être qu'ils m'aiment aussi : que sait-on ? Monsieur Remy, vous qui me voyez assez souvent, j'ai envie de deviner que vous m'aimez aussi.

MONSIEUR REMY

Ma foi, Madame, à l'âge de mon neveu, je ne m'en tirais pas mieux qu'on dit qu'il s'en tire.

MADAME ARGANTE

Ceci n'est pas matière à plaisanterie, ma fille. Il n'est pas question de votre Monsieur Remy ; laissons là ce bonhomme, et traitons la chose un peu plus sérieusement. Vos gens ne vous font pas peindre, vos gens ne se mettent point à contempler vos portraits, vos gens n'ont point l'air galant, la mine doucereuse.

MONSIEUR REMY, *à Araminte*

J'ai laissé passer le bonhomme à cause de vous, au moins ; mais le bonhomme est quelquefois brutal.

ARAMINTE

En vérité, ma mère, vous seriez la première à vous moquer de moi, si ce que vous dites me faisait la moindre impression ; ce serait une enfance à moi que de le renvoyer sur un pareil soupçon. Est-ce qu'on ne peut me voir sans m'aimer ? Je n'y saurais que faire : il faut bien m'y accoutumer et prendre mon parti là-dessus. Vous lui trouvez l'air galant, dites-vous ? Je n'y avais pas pris garde, et je ne lui en ferai point un reproche. Il y aurait de la bizarrerie à se fâcher de ce qu'il est bien fait. Je suis d'ailleurs comme tout le monde : j'aime assez les gens de bonne mine.

SCÈNE VII

ARAMINTE, MADAME ARGANTE, MONSIEUR REMY,
LE COMTE, DORANTE

DORANTE

Je vous demande pardon, Madame, si je vous interromps. J'ai lieu de présumer que mes services ne vous sont plus agréables, et dans la conjoncture présente, il est naturel que je sache mon sort.

MADAME ARGANTE, *ironiquement*

Son sort ! Le sort d'un intendant : que cela est beau !

MONSIEUR REMY

Et pourquoi n'aurait-il pas un sort ?

ARAMINTE, *d'un air vif à sa mère*

Voilà des emportements qui m'appartiennent. *(À Dorante.)* Quelle est cette conjoncture, Monsieur, et le motif de votre inquiétude ?

DORANTE

Vous le savez, Madame. Il y a quelqu'un ici que vous avez envoyé chercher pour occuper ma place.

ARAMINTE

Ce quelqu'un-là est fort mal conseillé. Désabusez-vous : ce n'est point moi qui l'ai fait venir.

DORANTE

Tout a contribué à me tromper, d'autant plus que Mademoiselle Marton vient de m'assurer que dans une heure je ne serais plus ici.

ARAMINTE

Marton vous a tenu un fort sot discours.

MADAME ARGANTE

Le terme est encore trop long : il devrait en sortir tout à l'heure.

MONSIEUR REMY, *comme à part*

Voyons par où cela finira.

ARAMINTE

Allez, Dorante, tenez-vous en repos ; fussiez-vous l'homme du monde qui me convînt le moins, vous resteriez : dans cette occasion-ci, c'est à moi-même que je dois cela ; je me sens offensée du procédé qu'on a avec moi, et je vais faire dire à cet homme d'affaires qu'il se retire, que ceux qui l'ont amené sans me consulter le remmènent, et qu'il n'en soit plus parlé.

SCÈNE VIII

ARAMINTE, MADAME ARGANTE, MONSIEUR REMY,
LE COMTE, DORANTE, MARTON

MARTON, *froidement*

Ne vous pressez pas de le renvoyer, Madame ; voilà une lettre de recommandation pour lui, et c'est Monsieur Dorante qui l'a écrite.

ARAMINTE

Comment !

MARTON, *donnant la lettre au Comte*

Un instant, Madame, cela mérite d'être écouté. La lettre est de Monsieur, vous dis-je.

LE COMTE, *lit haut*

Je vous conjure, mon cher ami, d'être demain sur les neuf heures du matin chez vous ; j'ai bien des choses à vous dire ; je crois que je vais sortir de chez la dame que vous savez ; elle ne peut plus ignorer la malheureuse passion que j'ai prise pour elle, et dont je ne guérirai jamais.

MADAME ARGANTE

De la passion, entendez-vous, ma fille ?

LE COMTE *lit*

Un misérable ouvrier que je n'attendais pas est venu ici pour m'apporter la boîte de ce portrait que j'ai fait d'elle.

MADAME ARGANTE

C'est-à-dire que le personnage sait peindre.

LE COMTE *lit*

J'étais absent, il l'a laissée à une fille de la maison.

MADAME ARGANTE, *à Marton*

Fille de la maison, cela vous regarde.

LE COMTE *lit*

On a soupçonné que ce portrait m'appartenait ; ainsi, je pense qu'on va tout découvrir, et qu'avec le chagrin, d'être renvoyé et de perdre le plaisir de voir tous les jours celle que j'adore…

MADAME ARGANTE

Que j'adore ! ah ! que j'adore !

LE COMTE *lit*

J'aurai encore celui d'être méprisé d'elle.

MADAME ARGANTE

Je crois qu'il n'a pas mal deviné celui-là, ma fille.

LE COMTE *lit*

Non pas à cause de la médiocrité de ma fortune, sorte de mépris dont je n'oserais la croire capable...

MADAME ARGANTE

Eh ! pourquoi non ?

LE COMTE *lit*

Mais seulement du peu que je vaux auprès d'elle, tout honoré que je suis de l'estime de tant d'honnêtes gens.

MADAME ARGANTE

Et en vertu de quoi l'estiment-ils tant ?

LE COMTE *lit*

Auquel cas je n'ai plus que faire à Paris. Vous êtes à la veille de vous embarquer, et je suis déterminé à vous suivre.

MADAME ARGANTE

Bon voyage au galant.

MONSIEUR REMY

Le beau motif d'embarquement !

MADAME ARGANTE

Eh bien ! en avez-vous le cœur net, ma fille ?

LE COMTE

L'éclaircissement m'en paraît complet.

ARAMINTE, *à Dorante*

Quoi ! cette lettre n'est pas d'une écriture contrefaite ? vous ne la niez point ?

DORANTE

Madame…

ARAMINTE

Retirez-vous.

Dorante sort

MONSIEUR REMY

Eh bien ! quoi ? c'est de l'amour qu'il a ; ce n'est pas d'aujourd'hui que les belles personnes en donnent et, tel que vous le voyez, il n'en a pas pris pour toutes celles qui auraient bien voulu lui en donner. Cet amour-là lui coûte quinze mille livres de rente, sans compter les mers qu'il veut courir ; voilà le mal ; car au reste, s'il était riche, le personnage en vaudrait bien un autre ; il pourrait bien dire qu'il adore. *(Contrefaisant Madame Argante.)* Et cela ne serait point si ridicule. Accommodez-vous, au reste ; je suis votre serviteur, Madame. *(Il sort.)*

MARTON

Fera-t-on monter l'intendant que Monsieur le Comte a amené, Madame ?

ARAMINTE

N'entendrai-je parler que d'intendant ! Allez-vous-en, vous prenez mal votre temps pour me faire des questions. *(Marton sort.)*

MADAME ARGANTE

Mais, ma fille, elle a raison ; c'est Monsieur le Comte qui vous en répond, il n'y a qu'à le prendre.

ARAMINTE

Et moi, je n'en veux point.

LE COMTE

Est-ce à cause qu'il vient de ma part, Madame ?

ARAMINTE

Vous êtes le maître d'interpréter, Monsieur ; mais je n'en veux point.

LE COMTE

Vous vous expliquez là-dessus d'un air de vivacité qui m'étonne.

MADAME ARGANTE

Mais en effet, je ne vous reconnais pas. Qu'est-ce qui vous fâche ?

ARAMINTE

Tout ; on s'y est mal pris ; il y a dans tout ceci des façons si désagréables, des moyens si offensants, que tout m'en choque.

MADAME ARGANTE, *étonnée*

On ne vous entend point.

LE COMTE

Quoique je n'aie aucune part à ce qui vient de se passer, je ne m'aperçois que trop, Madame, que je ne suis pas exempt de votre mauvaise humeur, et je serais fâché d'y contribuer davantage par ma présence.

MADAME ARGANTE

Non, Monsieur, je vous suis. Ma fille, je retiens Monsieur le Comte, vous allez venir nous trouver apparemment. Vous n'y songez pas, Araminte ; on ne sait que penser.

SCÈNE IX

ARAMINTE, DUBOIS

DUBOIS

Enfin, Madame, à ce que je vois, vous en voilà délivrée. Qu'il devienne tout ce qu'il voudra à présent, tout le monde a été témoin de sa folie, et vous n'avez plus rien à craindre de sa douleur ; il ne dit mot. Au reste, je viens seulement de le rencontrer plus mort que vif, qui traversait la galerie pour aller chez lui. Vous auriez trop ri de le voir soupirer ; il m'a pourtant fait pitié : je l'ai vu si défait, si pâle et si triste, que j'ai eu peur qu'il ne se trouve mal.

ARAMINTE, *qui ne l'a pas regardé jusque-là, et qui a toujours rêvé, dit d'un ton haut*

Mais qu'on aille donc voir : quelqu'un l'a-t-il suivi ? que ne le secouriez-vous ? faut-il le tuer, cet homme ?

DUBOIS

J'y ai pourvu, Madame ; j'ai appelé Arlequin, qui ne le quittera pas, et je crois d'ailleurs qu'il n'arrivera rien ; voilà qui est fini. Je ne suis venu que pour dire une chose ; c'est que je pense qu'il demandera à vous parler, et je ne conseille pas à Madame de le voir davantage ; ce n'est pas la peine.

ARAMINTE, *sèchement*

Ne vous embarrassez pas, ce sont mes affaires.

DUBOIS

En un mot, vous en êtes quitte, et cela par le moyen de cette lettre qu'on vous a lue et que Mademoiselle Marton a tirée d'Arlequin par mon avis ; je me suis douté qu'elle pourrait vous être utile, et c'est une excellente idée que j'ai eue là, n'est-ce pas, Madame ?

ARAMINTE, *froidement*

Quoi ! c'est à vous que j'ai l'obligation de la scène qui vient de se passer ?

DUBOIS, *librement*

Oui, Madame.

ARAMINTE

Méchant valet ! ne vous présentez plus devant moi.

DUBOIS, *comme étonné*

Hélas ! Madame, j'ai cru bien faire.

ARAMINTE

Allez, malheureux ! il fallait m'obéir ; je vous avais dit de ne plus vous en mêler ; vous m'avez jetée dans tous les désagréments que je voulais éviter. C'est vous qui avez répandu tous les soupçons qu'on a eus sur son compte, et ce n'est pas par attachement pour moi que vous m'avez appris qu'il m'aimait ; ce n'est que par le plaisir de faire du mal. Il m'importait peu d'en être instruite, c'est un amour que je n'aurais jamais su, et je le trouve bien malheureux d'avoir eu affaire à vous, lui qui a été votre maître, qui vous affectionnait, qui vous a bien traité, qui vient, tout récemment encore, de vous prier à genoux de lui garder le secret. Vous l'assassinez, vous me trahissez moi-même. Il faut que vous soyez capable de tout, que je ne vous voie jamais, et point de réplique.

DUBOIS *s'en va en riant*

Allons, voilà qui est parfait.

SCÈNE X

ARAMINTE, MARTON

MARTON, *triste*

La manière dont vous m'avez renvoyée, il n'y a qu'un moment, me montre que je vous suis désagréable, Madame, et je crois vous faire plaisir en vous demandant mon congé.

ARAMINTE, *froidement*

Je vous le donne.

MARTON

Votre intention est-elle que je sorte dès aujourd'hui, Madame ?

ARAMINTE

Comme vous voudrez.

MARTON

Cette aventure-ci est bien triste pour moi !

ARAMINTE

Oh ! point d'explication, s'il vous plaît.

MARTON

Je suis au désespoir.

ARAMINTE, *avec impatience*

Est-ce que vous êtes fâchée de vous en aller ? Eh bien, restez, Mademoiselle, restez : j'y consens ; mais finissons.

MARTON

Après les bienfaits dont vous m'avez comblée, que ferais-je auprès de vous, à présent que je vous suis suspecte, et que j'ai perdu toute votre confiance ?

ARAMINTE

Mais que voulez-vous que je vous confie ? Inventerai-je des secrets pour vous les dire ?

MARTON

Il est pourtant vrai que vous me renvoyez, Madame, d'où vient ma disgrâce ?

ARAMINTE

Elle est dans votre imagination. Vous me demandez votre congé, je vous le donne.

MARTON

Ah ! Madame, pourquoi m'avez-vous exposée au malheur de vous déplaire ? J'ai persécuté par ignorance l'homme du monde le plus aimable, qui vous aime plus qu'on n'a jamais aimé.

ARAMINTE, *à part*

Hélas !

MARTON

Et à qui je n'ai rien à reprocher, car il vient de me parler. J'étais son ennemie, et je ne la suis plus. Il m'a tout dit. Il ne m'avait jamais vue : c'est Monsieur Remy qui m'a trompée, et j'excuse Dorante.

ARAMINTE

À la bonne heure.

MARTON

Pourquoi avez-vous eu la cruauté de m'abandonner au hasard d'aimer un homme qui n'est pas fait pour moi, qui est digne de vous, et que j'ai jeté dans une douleur dont je suis pénétrée ?

ARAMINTE, *d'un ton doux*

Tu l'aimais donc, Marton ?

MARTON

Laissons là mes sentiments. Rendez-moi votre amitié comme je l'avais, et je serai contente.

ARAMINTE

Ah ! je te la rends tout entière.

MARTON, *lui baisant la main*

Me voilà consolée.

ARAMINTE

Non, Marton, tu ne l'es pas encore. Tu pleures et tu m'attendris.

MARTON

N'y prenez point garde. Rien ne m'est si cher que vous.

ARAMINTE

Va, je prétends bien te faire oublier tous tes chagrins. Je pense que voici Arlequin.

SCÈNE XI

ARAMINTE, MARTON, ARLEQUIN

ARAMINTE

Que, veux-tu ?

ARLEQUIN, *pleurant et sanglotant*

J'aurais bien de la peine à vous le dire ; car je suis dans une détresse qui me coupe entièrement la parole, à cause de la trahison que Mademoiselle Marton m'a faite. Ah ! quelle ingrate perfidie !

MARTON

Laisse là ta perfidie et nous dis ce que tu veux.

ARLEQUIN

Ah ! cette pauvre lettre. Quelle escroquerie !

ARAMINTE

Dis donc.

ARLEQUIN

Monsieur Dorante vous demande à genoux qu'il vienne ici vous rendre compte des paperasses qu'il a eues dans les mains depuis qu'il est ici. Il m'attend à la porte où il pleure.

MARTON

Dis-lui qu'il vienne.

ARLEQUIN

Le voulez-vous, Madame ? car je ne me fie pas à elle. Quand on m'a une fois affronté, je n'en reviens point.

MARTON, *d'un air triste et attendri*

Parlez-lui, Madame, je vous laisse.

ARLEQUIN, *quand Marton est partie*

Vous ne me répondez point, Madame ?

ARAMINTE

Il peut venir.

SCÈNE XII

DORANTE, ARAMINTE

ARAMINTE

Approchez, Dorante.

DORANTE

Je n'ose presque paraître devant vous.

ARAMINTE, *à part*

Ah ! je n'ai guère plus d'assurance que lui. *(Haut.)* Pourquoi vouloir me rendre compte de mes papiers ? Je m'en fie bien à vous. Ce n'est pas là-dessus que j'aurais à me plaindre.

DORANTE

Madame… j'ai autre chose à dire… je suis si interdit, si tremblant que je ne saurais parler.

ARAMINTE, *à part, avec émotion*

Ah ! que je crains la fin de tout ceci !

DORANTE, *ému*

Un de vos fermiers est venu tantôt, Madame.

ARAMINTE, *émue*

Un de mes fermiers !... cela se peut bien.

DORANTE

Oui, Madame... il est venu.

ARAMINTE, *toujours émue*

Je n'en doute pas.

DORANTE, *ému*

Et j'ai de l'argent à vous remettre.

ARAMINTE

Ah ! de l'argent... nous verrons.

DORANTE

Quand il vous plaira, Madame, de le recevoir.

ARAMINTE

Oui... je le recevrai... vous me le donnerez. *(À part.)* Je ne sais ce que je lui réponds.

DORANTE

Ne serait-il pas temps de vous l'apporter ce soir ou demain, Madame ?

ARAMINTE

Demain, dites-vous ! Comment vous garder jusque-là, après ce qui est arrivé ?

DORANTE, *plaintivement*

De tout le temps de ma vie que je vais passer loin de vous, je n'aurais plus que ce seul jour qui m'en serait précieux.

ARAMINTE

Il n'y a pas moyen, Dorante ; il faut se quitter. On sait que vous m'aimez, et l'on croirait que je n'en suis pas fâchée.

DORANTE

Hélas ! Madame, que je vais être à plaindre !

ARAMINTE

Ah ! allez, Dorante, chacun a ses chagrins.

DORANTE

J'ai tout perdu ! J'avais un portrait, et je ne l'ai plus.

ARAMINTE

À quoi vous sert de l'avoir ? vous savez peindre.

DORANTE

Je ne pourrai de longtemps m'en dédommager. D'ailleurs, celui-ci m'aurait été bien cher ! Il a été entre vos mains, Madame.

ARAMINTE

Mais vous n'êtes pas raisonnable.

DORANTE

Ah ! Madame, je vais être éloigné de vous. Vous serez assez vengée. N'ajoutez rien à ma douleur.

ARAMINTE

Vous donner mon portrait ! songez-vous que ce serait avouer que je vous aime ?

DORANTE

Que vous m'aimez, Madame ! Quelle idée ! qui pourrait se l'imaginer ?

ARAMINTE, *d'un ton vif et naïf*

Et voilà pourtant ce qui m'arrive.

DORANTE, *se jetant à ses genoux*

Je me meurs !

ARAMINTE

Je ne sais plus où je suis. Modérez votre joie : levez-vous, Dorante.

DORANTE *se lève, et dit tendrement*

Je ne la mérite pas. Cette joie me transporte. Je ne la mérite pas, Madame. Vous allez me l'ôter, mais n'importe, il faut que vous soyez instruite.

ARAMINTE, *étonnée*

Comment ! que voulez-vous dire ?

DORANTE

Dans tout ce qui s'est passé chez vous, il n'y a rien de vrai que ma passion qui est infinie, et que le portrait que j'ai fait. Tous les incidents qui sont arrivés partent de l'industrie d'un domestique qui savait mon amour, qui m'en plaint, qui par le charme de l'espérance, du plaisir de vous voir, m'a pour ainsi dire forcé de consentir à son stratagème ; il voulait me faire valoir auprès de vous. Voilà, Madame, ce que mon respect, mon amour et mon caractère ne me permettent pas de vous cacher. J'aime encore mieux regretter votre tendresse que de la devoir à l'artifice qui me l'a acquise ; j'aime mieux votre haine que le remords d'avoir trompé ce que j'adore.

ARAMINTE, *le regardant quelque temps sans parler*

Si j'apprenais cela d'un autre que de vous, je vous haïrais sans doute ; mais l'aveu que vous m'en faites vous-même, dans un moment comme celui-ci, change tout. Ce trait de sincérité me charme, me paraît incroyable, et vous êtes le plus honnête homme du monde. Après tout, puisque vous m'aimez véritablement, ce que vous avez fait pour gagner mon cœur n'est point blâmable : il est permis à un amant de chercher les moyens de plaire, et on doit lui pardonner lorsqu'il a réussi.

DORANTE

Quoi ! la charmante Araminte daigne me justifier !

ARAMINTE

Voici le Comte avec ma mère, ne dites mot, et laissez-moi parler.

SCÈNE XIII

DORANTE, ARAMINTE, LE COMTE, MADAME ARGANTE, DUBOIS, ARLEQUIN

MADAME ARGANTE, *voyant Dorante*

Quoi ! le voilà encore !

ARAMINTE, *froidement*

Oui, ma mère. *(Au Comte.)* Monsieur le Comte, il était question de mariage entre vous et moi, et il n'y faut plus penser : vous méritez qu'on vous aime ; mon cœur n'est point en état de vous rendre justice, et je ne suis pas d'un rang qui vous convienne.

MADAME ARGANTE

Quoi donc ! que signifie ce discours ?

LE COMTE

Je vous entends, Madame, et sans l'avoir dit à Madame *(montrant Madame Argante)* je songeais à me retirer. J'ai deviné tout, Dorante n'est venu chez vous qu'à cause qu'il vous aimait ; il vous a plu ; vous voulez lui faire sa fortune : voilà tout ce que vous alliez dire.

ARAMINTE

Je n'ai rien à ajouter.

MADAME ARGANTE, *outrée*

La fortune à cet homme-là !

LE COMTE, *tristement*

Il n'y a plus que notre discussion que nous réglerons à l'amiable ; j'ai dit que je ne plaiderais point, et je tiendrai parole.

ARAMINTE

Vous êtes bien généreux ; envoyez-moi quelqu'un qui en décide, et ce sera assez.

MADAME ARGANTE

Ah ! la belle chute ! ah ! ce maudit intendant ! Qu'il soit votre mari tant qu'il vous plaira ; mais il ne sera jamais mon gendre.

ARAMINTE

Laissons passer sa colère, et finissons.

Ils sortent.

DUBOIS

Ouf ! ma gloire m'accable ; je mériterais bien d'appeler cette femme-là ma bru.

ARLEQUIN

Pardi, nous nous soucions bien de ton tableau à présent ; l'original nous en fournira bien d'autres copies.

VERLAINE

Romances sans paroles

ARIETTES OUBLIÉES

I

Le vent dans la plaine
Suspend son haleine.
(Favart)

C'est l'extase langoureuse,
C'est la fatigue amoureuse,
C'est tous les frissons des bois
Parmi l'étreinte des brises,
C'est, vers les ramures grises,
Le chœur des petites voix.

Ô le frêle et frais murmure !
Cela gazouille et susurre,
Cela ressemble au cri doux
Que l'herbe agitée expire…
Tu dirais, sous l'eau qui vire,
Le roulis sourd des cailloux.

Cette âme qui se lamente
En cette plainte dormante
C'est la nôtre, n'est-ce pas ?
La mienne, dis, et la tienne,
Dont s'exhale l'humble antienne[1]
Par ce tiède soir, tout bas ?

---

1. Refrain chanté avant et après le psaume.

II

Je devine, à travers un murmure,
Le contour subtil des voix anciennes
Et dans les lueurs musiciennes,
Amour pâle, une aurore future !

Et mon âme et mon cœur en délires
Ne sont plus qu'une espèce d'œil double
Où tremblote à travers un jour trouble
L'ariette[1], hélas ! de toutes lyres !

Ô mourir de cette mort seulette[2]
Que s'en vont, cher amour qui t'épeures,
Balançant jeunes et vieilles heures !
Ô mourir de cette escarpolette[3] !

1. De l'italien *arietta*, diminutif de *aria*, « air ».
2. Seulet, ette : adj., fin du XIIe siècle, de *seul*. Tout seul.
3. Balançoire.

III

Il pleut doucement sur la ville.
(Arthur Rimbaud)

Il pleure dans mon cœur
Comme il pleut sur la ville ;
Quelle est cette langueur
Qui pénètre mon cœur ?

Ô bruit doux de la pluie
Par terre et sur les toits !
Pour un cœur qui s'ennuie
Ô le chant de la pluie !

Il pleure sans raison
Dans ce cœur qui s'écœure
Quoi ! nulle trahison ?...
Ce deuil est sans raison.

C'est bien la pire peine
De ne savoir pourquoi
Sans amour et sans haine
Mon cœur a tant de peine !

IV

De la douceur, de la douceur, de la douceur.
(Inconnu)

Il faut, voyez-vous, nous pardonner les choses :
De cette façon nous serons bien heureuses
Et si notre vie a des instants moroses
Du moins nous serons, n'est-ce pas ? deux pleureuses.

Ô que nous mêlions, âmes sœurs que nous sommes,
À nos vœux confus la douceur puérile
De cheminer loin des femmes et des hommes,
Dans le frais oubli de ce qui nous exile !

Soyons deux enfants, soyons deux jeunes filles
Éprises de rien et de tout étonnées
Qui s'en vont pâlir sous les chastes charmilles[1]
Sans même savoir qu'elles sont pardonnées.

1. Berceau de verdure.

V

Son joyeux, importun, d'un clavecin sonore.
(Pétrus Borel)

Le piano que baise une main frêle
Luit dans le soir rose et gris vaguement,
Tandis qu'avec un très léger bruit d'aile
Un air bien vieux, bien faible et bien charmant
Rôde discret, épeuré quasiment,
Par le boudoir longtemps parfumé d'Elle.

Qu'est-ce que c'est que ce berceau soudain
Qui lentement dorlote mon pauvre être ?
Que voudrais-tu de moi, doux chant badin[1] ?
Qu'as-tu voulu, fin refrain incertain
Qui vas tantôt mourir vers la fenêtre
Ouverte un peu sur le petit jardin ?

1. Enjoué, léger.

VI

C'est le chien de Jean de Nivelle[1]
Qui mord sous l'œil même du Guet[2] !
Le chat de la mère Michel[3],
François-les-bas-bleus[4] s'en égaie.

La Lune à l'écrivain public
Dispense sa lumière obscure
Où Médor avec Angélique[5]
Verdissent sur le pauvre mur.

Et voici venir La Ramée[6]
Sacrant, en bon soldat du Roy[7]
Sous son habit blanc mal famé
Son cœur ne se tient pas de joie :

Car la boulangère… — Elle ? — Oui dam !
Bernant Lustucru[8] son vieil homme
A tantôt couronné sa flamme…
Enfants, *Dominus vobiscum*[9] !

Place ! En sa longue robe bleue
Toute en satin qui fait frou-frou,
C'est une impure palsambleu[10] !
Dans sa chaise qu'il faut qu'on loue,

1. Expression populaire « C'est le chien de Jean de Nivelle (qui s'enfuit quand on l'appelle) », utilisée pour désigner un lâche.
2. Patrouille, garde faisant le guet.
3. Paroles de la célèbre chanson populaire.
4. Héros du conte de Charles Nodier, *Jean-François les Bas-bleus*.
5. Personnages de *Roland furieux* de l'Arioste.
6. Dans les comédies, nom donné à un soldat galant.
7. Le seigneur d'une terre.
8. Personnage très présent dans le répertoire des chansonniers à partir du milieu du XVIIe siècle.
9. En latin, *Que le seigneur soit avec vous*.
10. Expression signifiant *Par le sang de Dieu*, utilisée pour éviter le blasphème.

Fût-on philosophe ou grigou[1],
Car tant d'or s'y relève en bosse
Que ce luxe insolent bafoue
Tout le papier de Monsieur Los[2] !

Arrière robin[3] crotté ! place,
Petit courtaud, petit abbé,
Petit poète jamais las
De la rime non attrapée !...

Voici que la nuit vraie arrive...
Cependant jamais fatigué
D'être inattentif et naïf
François-les-bas-bleus s'en égaie.

1. Homme avare.
2. De John Law, inventeur du papier-monnaie.
3. Homme de loi.

VII

Ô triste, triste était mon âme
À cause, à cause d'une femme

Je ne me suis pas consolé
Bien que mon cœur s'en soit allé,

Bien que mon cœur, bien que mon âme
Eussent fui loin de cette femme.

Je ne me suis pas consolé,
Bien que mon cœur s'en soit allé.

Et mon cœur, mon cœur trop sensible
Dit à mon âme : Est-il possible,

Est-il possible, — le fût-il —
Ce fier exil, ce triste exil ?

Mon âme dit à mon cœur : Sais-je
Moi-même que nous veut ce piège

D'être présents bien qu'exilés,
Encore que loin en allés ?

VIII

Dans l'interminable
Ennui de la plaine
La neige incertaine
Luit comme du sable.

Le ciel est de cuivre
Sans lueur aucune
On croirait voir vivre
Et mourir la lune.

Comme des nuées
Flottent gris les chênes
Des forêts prochaines
Parmi les buées.

Le ciel est de cuivre
Sans lueur aucune.
On croirait voir vivre
Et mourir la lune.

Corneille[1] poussive
Et vous, les loups maigres,
Par ces bises aigres
Quoi donc vous arrive ?

Dans l'interminable
Ennui de la plaine
La neige incertaine
Luit comme du sable.

1. Oiseau du genre corbeau.

IX

Le rossignol qui du haut d'une branche se regarde dedans, croit être tombé dans la rivière. Il est au sommet d'un chêne et toutefois il a peur de se noyer.
(Cyrano de Bergerac)

L'ombre des arbres dans la rivière embrumée
Meurt comme de la fumée
Tandis qu'en l'air, parmi les ramures réelles,
Se plaignent les tourterelles.

Combien, ô voyageur, ce paysage blême
Te mira blême toi-même,
Et que tristes pleuraient dans les hautes feuillées
Tes espérances noyées !

Mai, juin 72.

PAYSAGES BELGES

« Conquestes du Roy »
(Vieilles Estampes)

WALCOURT

Briques et tuiles
Ô les charmants
Petits asiles
Pour les amants !

Houblons et vignes,
Feuilles et fleurs,
Tentes insignes
Des francs buveurs !

Guinguettes claires,
Bières, clameurs,
Servantes chères
À tous fumeurs !

Gares prochaines,
Gais chemins grands...
Quelles aubaines,
Bons juifs-errants[1] !

Juillet 72.

1. Voyageurs.

CHARLEROI[1]

Dans l'herbe noire
Les Kobolds[2] vont.
Le vent profond
Pleure, on veut croire.

Quoi donc se sent ?
L'avoine siffle.
Un buisson gifle
L'œil au passant.

Plutôt des bouges
Que des maisons.
Quels horizons
De forges rouges !

On sent donc quoi ?
Des gares tonnent,
Les yeux s'étonnent,
Où Charleroi ?

Parfums sinistres !
Qu'est-ce que c'est ?
Quoi bruissait
Comme des sistres ?

1. Ville belge.
2. Dans les contes allemands, esprits chargés de garder les métaux précieux enterrés.

Sites brutaux !
Oh ! votre haleine,
Sueur humaine
Cris des métaux !

Dans l'herbe noire
Les Kobolds vont.
Le vent profond
Pleure, on veut croire.

BRUXELLES

Simples fresques

I

La fuite est verdâtre et rose
Des collines et des rampes
Dans un demi-jour de lampes
Qui vient brouiller toute chose.

L'or, sur les humbles abîmes
Tout doucement s'ensanglante.
Des petits arbres sans cimes
Où quelque oiseau faible chante.

Triste à peine tant s'effacent
Ces apparences d'automne,
Toutes mes langueurs rêvassent,
Que berce l'air monotone.

II

L'allée est sans fin
Sous le ciel, divin
D'être pâle ainsi :
Sais-tu qu'on serait
Bien sous le secret
De ces arbres-ci ?

Des messieurs bien mis,
Sans nul doute amis
Des Royers-Collards[1],
Vont vers le château :
J'estimerais beau
D'être ces vieillards.

Le château, tout blanc
Avec, à son flanc,
Le soleil couché,
Les champs à l'entour :
Oh ! que notre amour
N'est-il là niché !

Estaminet du Jeune Renard, août 72.

1. Pierre-Paul Royer-Collard (1763-1845), homme politique et philosophe.

BRUXELLES

Chevaux de bois

Par saint Gille,
Viens-nous-en,
Mon agile
Alezan !
(V. Hugo)

Tournez, tournez, bons chevaux de bois,
Tournez cent tours, tournez mille tours,
Tournez souvent et tournez toujours
Tournez, tournez au son des hautbois.

Le gros soldat, la plus grosse bonne
Sont sur vos dos comme dans leur chambre,
Car en ce jour au bois de la Cambre[1]
Les maîtres sont tous deux en personne.

Tournez, tournez, chevaux de leur cœur,
Tandis qu'autour de tous vos tournois
Clignote l'œil du filou sournois
Tournez au son du piston vainqueur.

C'est ravissant comme ça vous soûle
D'aller ainsi dans ce cirque bête :
Bien dans le ventre et mal dans la tête,
Du mal en masse et du bien en foule.

1. Parc public au sud de Bruxelles à la fin du XIXe siècle.

Tournez, tournez sans qu'il soit besoin
D'user jamais de nuls éperons
Pour commander à vos galops ronds,
Tournez, tournez, sans espoir de foin.

Et dépêchez, chevaux de leur âme :
Déjà voici que la nuit qui tombe
Va réunir pigeon et colombe
Loin de la foire et loin de madame.

Tournez, tournez ! le ciel en velours
D'astres en or se vêt lentement.
Voici partir l'amante et l'amant.
Tournez au son joyeux des tambours !

Champ de foire de Saint-Gilles, août 72.

MALINES

Vers les prés le vent cherche noise
Aux girouettes, détail fin
Du château de quelque échevin[1],
Rouge de brique et bleu d'ardoise,
Vers les prés clairs, les prés sans fin…

Comme les arbres des féeries,
Des frênes, vagues frondaisons,
Échelonnent mille horizons
À ce Sahara de prairies,
Trèfle, luzerne et blancs gazons.

Les wagons filent en silence
Parmi ces sites apaisés.
Dormez, les vaches ! Reposez,
Doux taureaux de la plaine immense,
Sous vos cieux à peine irisés !

Le train glisse sans un murmure,
Chaque wagon est un salon
Où l'on cause bas et d'où l'on
Aime à loisir cette nature
Faite à souhait pour Fénelon[2].

Août 72.

1. Magistrat adjoint au bourgmestre.
2. Référence à son ouvrage *Les Aventures de Télémaque.*

BIRDS IN THE NIGHT

Vous n'avez pas eu toute patience :
Cela se comprend par malheur, de reste
Vous êtes si jeune ! Et l'insouciance,
C'est le lot amer de l'âge céleste !

Vous n'avez pas eu toute la douceur.
Cela par malheur d'ailleurs se comprend ;
Vous êtes si jeune, ô ma froide sœur,
Que votre cœur doit être indifférent !

Aussi, me voici plein de pardons chastes,
Non, certes ! joyeux, mais très calme en somme
Bien que je déplore en ces mois néfastes
D'être, grâce à vous, le moins heureux homme.

Et vous voyez bien que j'avais raison
Quand je vous disais, dans mes moments noirs,
Que vos yeux, foyers de mes vieux espoirs,
Ne couvaient plus rien que la trahison.

Vous juriez alors que c'était mensonge
Et votre regard qui mentait lui-même
Flambait comme un feu mourant qu'on prolonge,
Et de votre voix vous disiez : « Je t'aime ! »

Hélas ! on se prend toujours au désir
Qu'on a d'être heureux malgré la saison…
Mais ce fut un jour plein d'amer plaisir
Quand je m'aperçus que j'avais raison !

Aussi bien pourquoi me mettrais-je à geindre ?
Vous ne m'aimiez pas, l'affaire est conclue,
Et, ne voulant pas qu'on ose me plaindre,
Je souffrirai d'une âme résolue.

Oui ! je souffrirai, car je vous aimais !
Mais je souffrirai comme un bon soldat
Blessé qui s'en va dormir à jamais
Plein d'amour pour quelque pays ingrat.

Vous qui fûtes ma Belle, ma Chérie,
Encor que de vous vienne ma souffrance,
N'êtes-vous donc pas toujours ma Patrie,
Aussi jeune, aussi folle que la France ?

Or, je ne veux pas — le puis-je d'abord ? —
Plonger dans ceci mes regards mouillés.
Pourtant mon amour que vous croyez mort
A peut-être enfin les yeux dessillés.

Mon amour qui n'est plus que souvenance,
Quoique sous vos coups il saigne et qu'il pleure
Encore et qu'il doive, à ce que je pense,
Souffrir longtemps jusqu'à ce qu'il en meure,

Peut-être a raison de croire entrevoir
En vous un remords (qui n'est pas banal)
Et d'entendre dire, en son désespoir,
À votre mémoire. « Ah ! fi ! que c'est mal ! »

Je vous vois encor. J'entr'ouvris la porte.
Vous étiez au lit comme fatiguée.
Mais, ô corps léger que l'amour emporte,
Vous bondîtes nue, éplorée et gaie.

Ô quels baisers, quels enlacements fous !
J'en riais moi-même à travers mes pleurs.
Certes, ces instants seront, entre tous
Mes plus tristes, mais aussi mes meilleurs.

retrouvailles avec Mathilde.

Je ne veux revoir de votre sourire
Et de vos bons yeux en cette occurrence
Et de vous enfin, qu'il faudrait maudire,
Et du piège exquis, rien que l'apparence.

Je vous vois encor ! En robe d'été
Blanche et jaune avec des fleurs de rideaux.
Mais vous n'aviez plus l'humide gaîté
Du plus délirant de tous nos tantôts.

La petite épouse et la fille aînée
Était reparue avec la toilette
Et c'était déjà notre destinée
Qui me regardait sous votre voilette.

Soyez pardonnée ! Et c'est pour cela
Que je garde, hélas ! avec quelque orgueil,
En mon souvenir, qui vous cajola,
L'éclair de côté que coulait votre œil.

Par instants je suis le Pauvre Navire
Qui court démâté parmi la tempête
Et, ne voyant pas Notre-Dame luire,
Pour l'engouffrement en priant s'apprête.

Par instants je meurs la mort du Pécheur
Qui se sait damné s'il n'est confessé
Et, perdant l'espoir de nul confesseur,
Se tord dans l'Enfer, qu'il a devancé.

Ô mais ! par instants, j'ai l'extase rouge
Du premier chrétien sous la dent rapace,
Qui rit à Jésus témoin, sans que bouge
Un poil de sa chair, un nerf de sa face !

Bruxelles. Londres, septembre-octobre 72.

AQUARELLES

GREEN

Voici des fruits, des fleurs, des feuilles et des branches
Et puis voici mon cœur qui ne bat que pour vous.
Ne le déchirez pas avec vos deux mains blanches
Et qu'à vos yeux si beaux l'humble présent soit doux.

J'arrive tout couvert encore de rosée
Que le vent du matin vient glacer à mon front.
Souffrez que ma fatigue à vos pieds reposée
Rêve des chers instants qui la délasseront.

Sur votre jeune sein laissez rouler ma tête
Toute sonore encor de vos derniers baisers
Laissez-la s'apaiser de la bonne tempête
Et que je dorme un peu puisque vous reposez.

SPLEEN

Les roses étaient toutes rouges
Et les lierres étaient tout noirs.

Chère, pour peu que tu te bouges
Renaissent tous mes désespoirs.

Le ciel était trop bleu, trop tendre,
La mer trop verte et l'air trop doux.

Je crains toujours, — ce qu'est d'attendre ! —
Quelque fuite atroce de vous.

Du houx à la feuille vernie
Et du luisant buis je suis las,

Et de la campagne infinie
Et de tout, fors de vous, hélas !

STREETS

I

Dansons la gigue[1] !

J'aimais surtout ses jolis yeux
Plus clairs que l'étoile des cieux,
J'aimais ses yeux malicieux.

Dansons la gigue !

Elle avait des façons vraiment
De désoler un pauvre amant,
Que c'en était vraiment charmant !

Dansons la gigue !

Mais je trouve encore meilleur
Le baiser de sa bouche en fleur
Depuis qu'elle est morte à mon cœur.

Dansons la gigue !

Je me souviens, je me souviens
Des heures et des entretiens,
Et c'est le meilleur de mes biens.
Dansons la gigue !

Soho.

1. Danser la gigue : se trémousser.

II

Ô la rivière dans la rue !
Fantastiquement apparue
Derrière un mur haut de cinq pieds,
Elle roule sans un murmure
Son onde opaque et pourtant pure
Par les faubourgs pacifiés.

La chaussée est très large, en sorte
Que l'eau jaune comme une morte
Dévale ample et sans nuls espoirs
De rien refléter que la brume,
Même alors que l'aurore allume
Les cottages[1] jaunes et noirs.

Paddington.

1. Cottage : petite maison de campagne.

CHILD WIFE

Vous n'avez rien compris à ma simplicité,
Rien, ô ma pauvre enfant !
Et c'est avec un front éventé, dépité,
Que vous fuyez devant.

Vos yeux qui ne devaient refléter que douceur
Pauvre cher bleu miroir
Ont pris un ton de fiel[1], ô lamentable sœur,
Qui nous fait mal à voir.

Et vous gesticulez avec vos petits bras
Comme un héros méchant,
En poussant d'aigres cris poitrinaires, hélas !
Vous qui n'étiez que chant !

Car vous avez eu peur de l'orage et du cœur
Qui grondait et sifflait,
Et vous bêlâtes vers votre mère — ô douleur ! —
Comme un triste agnelet[2].

Et vous n'aurez pas su la lumière et l'honneur
D'un amour brave et fort,
Joyeux dans le malheur, grave dans le bonheur,
Jeune jusqu'à la mort !

Londres, 2 avril 1873.

1. Animosité.
2. Petit agneau.

A POOR YOUNG SHEPHERD

J'ai peur d'un baiser
Comme d'une abeille.
Je souffre et je veille
Sans me reposer :
J'ai peur d'un baiser !

Pourtant j'aime Kate
Et ses yeux jolis.
Elle est délicate,
Aux longs traits pâlis.
Oh ! que j'aime Kate !

C'est Saint-Valentin !
Je dois et je n'ose
Lui dire au matin…
La terrible chose
Que Saint-Valentin !

Elle m'est promise,
Fort heureusement !
Mais quelle entreprise
Que d'être un amant
Près d'une promise !

J'ai peur d'un baiser
Comme d'une abeille.
Je souffre et je veille
Sans me reposer :
J'ai peur d'un baiser !

BEAMS

Elle voulut aller sur les flots de la mer,
Et comme un vent bénin soufflait une embellie,
Nous nous prêtâmes tous à sa belle folie,
Et nous voilà marchant par le chemin amer.

Le soleil luisait haut dans le ciel calme et lisse,
Et dans ses cheveux blonds c'étaient des rayons d'or,
Si bien que nous suivions son pas plus calme encor
Que le déroulement des vagues, ô délice !

Des oiseaux blancs volaient alentour mollement
Et des voiles au loin s'inclinaient toutes blanches.
Parfois de grands varechs filaient en longues branches,
Nos pieds glissaient d'un pur et large mouvement.

Elle se retourna, doucement inquiète
De ne nous croire pas pleinement rassurés,
Mais nous voyant joyeux d'être ses préférés,
Elle reprit sa route et portait haut la tête.

Douvres-Ostende, à bord de la « Comtesse-de-Flandre »,
4 avril 1873.

Cet ouvrage a été achevé d'imprimer en avril 2012
dans les ateliers de Normandie Roto Impression s.a.s.
61250 Lonrai
N° d'imprimeur : 12-1626
Dépôt légal : mai 2012

Imprimé en France